구약성경, 왜 읽어야 하나?

A Christian's Pocket Guide to Loving the Old Testament

* 별도의 표기가 없는 성경구절은 개역개정 성경을 인용한 것입니다.

구약성경, 왜 읽어야 하나?

세계적인 구약학자 알렉 모티어가 말하는
구약성경을 읽어야 하는 이유

알렉 모티어 지음 | 김일우 옮김

아가페북스

Recommendation

추천의 글 1

구약성경은 신약성경에 비해 뒷전에 밀려 있다는 느낌을 받곤 한다. 설교자들조차 구약보다 신약을 더 선호하는 경향이 있다. 신약보다 익숙하지 않을 뿐 아니라 구약에 대해 자신감을 가지지 못하는 경우가 많다. 그러나 복음서를 읽다 보면 예수님이 얼마나 구약성경에 대해 해박하셨는가에 놀라게 된다. 알렉 모티어 박사는 구약성경에 대한 호기심을 불러일으키는 책을 썼다. 그는 성경 전체에 대한 깊은 이해 없이는 불가능한 일을 다루고 있으며, 구약의 숨겨진 보고를 발굴해내어 독자들로 하여금 새로운 비경을 보도록 친절하게 안내해준다.

구약과 신약의 환상적인 조합을 통해 성경은 둘이 아니라 하나이며, 한 분의 원저자가 지은 책이라는 사실을 실감나게 이해하도록 도와주는 수작을 만나게 되어 기쁨으로 추천하고 싶다.

_이규현(수영로교회 담임목사)

알렉 모티어 박사는 보수적 신학 관점을 지닌 영국의 탁월한 구약학자다. 이사야서 저자 문제에 있어서, BC 8세기 이사야 선지자가 이사야서 전체를 기록했다고 주장하는 바를 보면 그의 보수적인 신학 경향을 알 수 있다. 『구약성경, 왜 읽어야 하나?』는 그의 학술적 깊이를 대중적인 쉬운 언어를 통해서 풀어냈는데, 설명이 명쾌하고 아주 뛰어나다.

모티어 박사는 이 책에서 구약이 신약에 비해 부족하거나 열등하다고 보는 세대주의적 해석을 비판한다. 구약은 신약과 동일한 하나님의 말씀이기에 구약과 신약을 함께, 하나의 성경으로 읽어야 함을 언약주의적이고 통전적인 시각에서 설명한다. 이를 위해 구약의 핵심 역사, 구조, 주요한 언약 개념, 하나님과 구원에 대한 개념, 예언과 시편 등 구약성경의 기초를 이해하는 데 도움이 되는 핵심 내용을 놀랍도록 명쾌하고 쉽게 정리한다.

구약성경에 대한 오해를 벗고 구약과 신약이 동일한 말씀임을 이해하도록 이 책을 구약 입문서로 적극 추천한다. 이 책에는 오랜 기간 구약성경에 천착해온 탁월한 구약학자의 평생 연구가 녹아 있다. 이 한 권의 독서를 통해 구약에 대한 바른 이해, 넓은 공부, 그리고 깊은 신앙의 기초를 모두 얻게 될 것이라 확신한다.

_김희석(총신대학교 구약학 교수)

이 책은 구약성경에 대한 많은 오해를 깨뜨린다. 구약성경은 예수께서 '하나님의 말씀'으로 읽고 전하고 살았던 유일한 '성경'이었을 뿐만 아니라 예수 그리스도를 '예언'하고 '증거'하는 계시의 책이다.

이 책은 구약성경의 진수와 의미를 깨닫게 함과 동시에 구약성경 각 부분에 있는 말씀의 풍성함을 누리게 한다. 그리하여 마침내 독자들이 구약성경을 사랑하게 만든다.

_하경택(장로회신학대학교 구약학 교수)

Recommendation

추천의 글 2

이 책을 통해 모티어 박사는, 신실한 신자는 "늙어도 여전히 결실하며 진액이 풍족하고 빛이 청청"(시 92:14)하다는 사실을 몸소 보여준다. 왜 그런가? 바로 그런 신자를 통해 "여호와의 정직하심과 나의 바위 되심과 그에게는 불의가 없음이 선포"(시 92:15)될 것이기 때문이다.

_팀 켈러(뉴욕 리디머장로교회 담임목사)

만약 세상이 백 년 뒤에도 여전히 그대로 존재한다면, 이 책은 하나님의 신실한 백성들 사이에서 귀중한 보물 대접을 받을 것이다.

_리처드 뷰스(런던 랭햄플레이스올소울스교회 원로목사)

지금 당신이 손에 들고 있는 이 책의 저자를 추천하는 일은 내게 엄청난 특권이 아닐 수 없다. 좀더 솔직히 말하면, 그분의 작품은 그 자체로 더 이상 내 설명이나 보증이 필요 없을 만큼 훌륭하다.

_D. A. 카슨(트리니티신학교 신약학 교수)

알렉 모티어 박사는, 예수님이 사랑하신 성경에 대한 애정과 통찰력을 나누기 위해 자신의 모든 관용과 따뜻함과 매력을 발산하고 있다. 이 책이야말로 당신이 다른 사람과 제일 먼저 나눠보아야 할 책이다.

_J. I. 패커(리젠트신학교 명예교수)

CONTENTS

Foreword

서문

지금으로부터 약 40여 년 전 대학교를 졸업하고 신학교 입학을 앞둔 여름, 나는 부모님이 사는 펜실베이니아 주 존스타운에 잠시 내려와 일을 거들고 있었다. 어느 날 저녁 나는 자동차를 몰고 산악 지대를 지나 로렐 하이랜즈 지역에 있는 긴 골짜기로 들어가, 마침내 리고니어 밸리 스터디 센터(Ligonier Valley Study Center)에 도착했다. 서부 펜실베이니아의 작은 마을인 스탈스타운 외곽에 위치한 그곳에서, R. C. 스프롤(R. C. Sproul)의 정기 주간 행사인 '질의응답 세미나'가 열리고 있었기 때문이다. 당시 초청된 강사가 영국의 구약신학자인 J. 알렉 모티어(J. Alec Motyer) 박사였다. 아직 초

신자였던 내게 구약은 혼란스럽고 재미없는 성경이었다.

그 세미나에서 평생 잊지 못할 기억이 하나 있다. 구약의 이스라엘과 신약 교회의 관계를 묻는 질문에 대한 모티어 박사의 대답이었다(그 질문을 스프롤 박사가 했는지, 아니면 청중 가운데 한 사람이 했는지는 정확히 기억나지 않는다).

먼저 모티어 박사는 이 양자 간의 불연속적인 면을 언급한 뒤, 우리는 모두 하나님의 한 백성임을 주장했다. 그러고 나서 한 가지 상상해볼 것을 요청했다. '만약 모세의 지도 아래 있던 이스라엘 백성이 누군가에게 증언해달라는 요구를 받았다면 그들은 어떻게 **증거**했을까?'를 상상해보는 것이었다. 아마도 그들은 다음과 같이 증언했을 것이다.

우리는 외국 땅에서 사형선고를 받은 것이나 다름없는 상태로 노예생활을 하며 살았습니다. 그런데 우리와 하나님 사이를 중재하는 중보자가 구원의 약속을 가지고 우리에게 오셨습니다. 하나님의 약속을 신뢰하여 양의 피 아래로 피한 우리를 그분이 그 땅에서 인도해 내셨습니다. 지금 우리는 약속의 땅으로 가는 길입니다. 물론 아직 그 땅에 도착하지는 않았지만, 우리를 지도하는 율법이 있고, 피의 제사를 통해 우리 가운데 계시는 그분의 임재를 또한 경험하고 있습니다. 그러므로 그분은 우리가 진정한 나라, 영원한 본향에 이를 때까지 동행해주실 것입니다.

이 말을 한 후 모티어 박사는 이렇게 결론을 맺었다. "이제 증거에 대해 생각해보십시오. 오늘날 그리스도인이라면 동일한 증거, 아니 거의 토씨 하나 틀리지 않고 똑같은 말을 할 것입니다."

청년이었던 나는 벼락을 맞은 기분이었다. 그때까지 나는 구약의 백성들은 엄청나게 방대한 율법을 순종하여 구원받은 반면, 오늘 우리는 믿음으로 값없이 용서받고 하나님의 자녀가 되었다는 생각을 아무런 검토 없이 막연히 가지고 있었다. 그런 내게 그분의 강의는 충격으로 다가왔고 생각의 전환을 불러왔다. 이것을 통해 이스라엘 백성도 은혜로 구원받았으며, 처음부터 값비싼 대속과 은혜로 말미암아 하나님의 구원이 주어졌다는 사실을 깨닫게 되었다. 또 거룩과 순례, 순종 그리고 강한 공동체 의식 등을 추구하는 일이야말로 그리스도인이 보여주어야 할 특징이라는 사실도 깨달았다.

이 일이 있고 얼마 뒤, 나는 에드먼드 P. 클라우니(Edmund P. Clowney) 박사가 진행하는 강연 시리즈를 듣게 되었다. 그 강연은 목회자들이 항상 그리스도를 설교해야 하며, 심지어 구약성경을 설교할 때도 그리스도를 설교하는 것이 중요하다는 내용이었다. 모티어 박사의 폭탄선언과 클라우니 박사의 강연을 출발점으로 삼아, 나는 성경본문을 강해할 때마다 그리스도와 복음을 설교하는 일을 평생토록 추구하겠다고 결심했다. 어떤 의미에서 그분들은 내 설교사역에서 아버지와 같다.

지금까지 모티어 박사가 출간한 작품은 모두 읽었다고 자부하지만, 그중에서도 특히 세 권의 책이 내 사역을 변화시켰다. 초보 설교자이던 시절 소선지서를 처음으로 강해하며 씨름하고 있을 때, "사자의 날"이라는 부제가 붙은 그분의 아모스 주석은 내게 매우 큰 도움이 되었다. 그 작품은 하나님이 사회정의와 공의를 강조하신다는 사실을 보여주었고, 이러한 사회정의와 공의야말로 하나님이 자신의 언약 백성뿐 아니라 그들을 둘러싼 나라들에도 적용하시는 기준이 된다는 사실을 알게 되었다.

두 번째 변화는 그로부터 거의 20년이 지났을 때 찾아왔다. 당시 나는 '내 기도생활이 너무 피상적이지 않은가?' 하는 고민에 빠져 있었다. 그것을 극복하기 위해 시편을 깊이 파고들기 시작했는데, 그때 의지했던 자료가 데렉 키드너(Derek Kidner) 박사의 틴데일 주석(Tyndale commentary)과 뉴 바이블 주석 시리즈(New Bible Commentary: 21st Century Edition) 가운데 포함된 알렉 모티어 박사의 짧지만 빛나는 작품이었다. 시편 기자들에 대한 모티어 박사의 함축적인 묘사에 따르면, 그들은 우리보다도 더 하나님에 관해 몰랐지만, 우리보다도 훨씬 더 하나님을 사랑했다. 이러한 그분의 설명은 시편에 나오는 고통스러운 부르짖음과 찬양의 외침, 그리고 거기서 만나는 사랑의 선언을 해석할 때 결정적인 지침이 되었다. 시편 기자들이 하나님의 구원에 관해 말하고 있음을 이따금씩 분명하게 알 수 있었다.

그런데 그 시절은 아직 '때가 차지도' 않았고, 십자가를 통해 세계를 구원하시려는 하나님의 계획도 백일하에 드러나지 않았다. 시편 기자들은 모든 계획의 전모를 자세히 이해하지 못했음에도 은혜로 말미암는 구원의 복음, 대속의 구원 그리고 믿음을 제대로 파악하고 있었다. 150편의 시를 통해 모든 인간의 상황과 감정이 하나님 앞에 올려지고, 그것이 기도로 승화되는 모습을 실제로 보게 된다. 다른 무엇보다도 하나님을 향한 시편 기자들의 사랑은 확신과 깨달음을 주며 우리를 고양시킨다. 모티어와 키드너 두 분을 통해, 나는 하나님과의 교제를 추구하는 여정에서 새로운 단계로 나아가게 되었다.

마지막으로, 불과 몇 해 전 나는 출애굽기 강해 시리즈를 힘겹게 진행하고 있었다. 모티어 박사의 『출애굽기 메시지』(The Message of Exodus)가 그것을 하게 된 주요 계기였다. 그 작품은 역시나 기대에 부응했고, 설교 시리즈를 위한 핵심자료가 되었다.

이 책을 통해 모티어 박사는, 신실한 신자는 "늙어도 여전히 결실하며 진액이 풍족하고 빛이 청청"(시 92:14)하다는 사실을 몸소 보여준다. 왜 그런가? 바로 그런 신자를 통해 "여호와의 정직하심과 나의 바위 되심과 그에게는 불의가 없음이 선포"(시 92:15)될 것이기 때문이다.

_팀 켈러
뉴욕 리디머장로교회 담임목사

Preface

들어가며

이 책의 제목(A Christian's Pocket Guide to Loving the Old Testament)이 오늘 내가 어디 있는지를 정확하게 말해준다. 나는 할머니께 구약성경의 놀라운 이야기를 처음 들은 날로부터 거의 90년이 흐른 시점에 와 있다. 할머니는 구약성경의 이야기뿐 아니라 성경을 향한 사랑을 보여주셨고, 그 사랑은 내 인생의 '줄거리'가 되었다. 그래서 2012년 '더 바이블 바이 더 비치'(The Bible by the Beach) 집회에서 "구약성경을 사랑하는 법"이라는 주제로 세 번에 걸친 강연을 부탁받았을 때, 그것은 내게 특권이자 즐거움이었다.

그 강연이 지금 이렇게 새로운 책으로 탄생하게 되었다.

1. 당연히 모든 내용을 다시 썼다. 구어체를 그대로 종이에 옮기는 것은, 극소수의 비범한 강연자를 제외하고는 거의 불가능한 일이다. 의사소통의 두 가지 형태인 말과 글은 각기 다른 문체가 필요하다. 강연에서 대강 줄거리만 언급한 것을 책으로 만들 때는 자세한 서술이 필요하다. 그런가 하면 강연자가 청중의 마음을 사로잡기 위해 같은 말을 여러 번 반복하는 경우가 있다. 이것을 문장으로 그대로 옮겨 놓으면 지루하기 짝이 없다. 마찬가지로 대부분의 예화는, 설교에서는 효과적일지 몰라도 글로 옮겨 놓으면 따분하기 그지없다. 새로운 매체로 옮겨질 때는 모든 내용이 전혀 다른 렌즈를 통해 걸러져야 한다.
2. 세 번에 걸친 강연은 14장으로 세분화되었다. 여기에는 두 가지 이유가 있다. 내용을 확실하게 씹어서 더 쉽게 소화할 수 있도록 도와주고 싶은 바람과, 강연에서 전혀 부각되지 못했거나 언급은 됐지만 좀더 설명이 필요한 주제를 소개할 필요성이 글로 옮기는 중에 제기되었기 때문이다.

나는 강연을 글로 재구성하는 작업을 즐겁게 진행했다. 이제는 독자들이 즐겁게 읽어주기를 바랄 뿐이다. 오래전 즐겨 부르던 흘러간 찬송가에, 내가 마음속으로 늘 사모하는 내용이 가사로 담겨 있다. “당신의 거룩한 말씀을 사랑하는 법을 내게 가르치소서. 그리고 거기서 내 구세주를 보게 하소서.” 이 가사는 신약성경에만 적용되는 것이 아니라 구약성경에도 똑같이 적용된다. 이 가사야말로 내가 매일 드리는 기도일 뿐 아니라 이 책을 읽게 될 당신을 위한 내 기도이기도 하다.

_ 알렉 모티어

여호와의 율법은 완전하여 영혼을 소성시키며
여호와의 증거는 확실하여 우둔한 자를 지혜롭게 하며
여호와의 교훈은 정직하여 마음을 기쁘게 하고
여호와의 계명은 순결하여 눈을 밝게 하시도다

_시편 19편 7-8절

이 책에 나오는 표시

- 주의 사항
- 기억할 사항
- 잠시 멈춰 생각해야 할 사항
- 관심 가져야 할 사항

A Christian's Pocket Guide to Loving

The Old Testament

1
여기서부터 시~작!

성경은 가정과 개인을 위한 '은혜의 통로'로서 우리에게 주신 하나님의 선물이다. 공동체를 위한 '은혜의 통로'인 성만찬을 통해, 주님은 사랑하는 자녀들에게 영원한 구원의 약속을 베풀어주시고, 그 약속에 대한 우리의 '관심'을 확실하게 보장해주신다. 마찬가지로 날마다 가정에서 그리고 개인적으로 갖는 은밀한 경건의 시간을 통해, 우리는 그분의 거룩한 말씀에 마음을 열고, 그분의 음성을 들으며, 그분의 진리를 배우고, 그분의 임재 가운데 즐거워하고, 그분의 약속을 품에 안으며, 믿음을 따라 순종의 삶을 살기로 다짐하고 또 다짐한다.

우리가 하나님의 말씀을 들을 때 취하는 기도의 태도는 특별히 사랑스러워 보인다. 그때 우리는 하늘에 계신 아버지와 주 예수 그리스도 그리고 성령님과 대화하기 위해 성경말씀으로 곧장 달려가, 하나님이 방금 부어주신 진리를 하나님 앞으로 가져가서 그것을 기도, 찬송, 경배, 감사, 중보기도로 바꾸어 올려드릴 수 있다.

그래서 하나님의 말씀을 읽을 때, 당신은 다윗이 시편 19편에서 노래했듯이 기도할 준비 자세를 갖추게 될 것이다. 하나님의 말씀은 이렇게 울려 퍼진다.

여호와의 율법은 완전하여 영혼을 소성시키며 여호와의 증거는 확실하여 우둔한 자를 지혜롭게 하며 여호와의 교훈은 정직하여 마음을 기쁘게 하고 여호와의 계명은 순결하여 눈을 밝게 하시도다 여호와를 경외하는 도는 정결하여 영원까지 이르고 여호와의 법도 진실하여 다 의로우니 금 곧 많은 순금보다 더 사모할 것이며 꿀과 송이꿀보다 더 달도다 또 주의 종이 이것으로 경고를 받고 이것을 지킴으로 상이 크니이다 (시 19:7-11)

시편 19편의 말씀들이 정말로 사랑스럽지 않은가! 계속해서 읽고 또 읽고, 묵상하고 또 묵상하게 된다. 얼마나 즐거운 말씀인가!

그런데 10절을 다시 보라. "금 곧 많은 순금보다 더 사모할 것이며 꿀과 송이꿀보다 더 달도다" 이 말씀은 지금도 그러하다.

말씀 속에 내재된 부요한 가치, 그리고 즐거운 경험

"금 곧 많은 순금보다 더 사모할 것이며"라는 말씀은 하나님 말씀의 본질적인 가치를 보여준다. 그 말씀 속에 내재된 가치, 다시 말해 하나님의 말씀이 고유하게 지니는 가치는 금, 곧 많은 순금과 같다. 알다시피 시편은 본래 히브리어로 기록되었다. 우리가 번역된 10절의 일부분에라도 마음을 활짝 연다면, 즉 말씀 속에 담긴 의미를 쉽게 풀어서 해석하는 데 그치지 말고 그 의미 자체에 마음을 활짝 연다면, "금보다 더 사모할 겁니다. 정말이에요. 당연히 그럴 겁니다!"라는 말이 입에서 저절로 흘러나올 것이다.

그런데 이런 본질적인 가치와 더불어 경험을 통해 알게 된 가치가 있다. 그것은 바로 "꿀과 송이꿀보다 더 달도다"라는 사실이다. 당신은 꿀을 좋아하는가? 하나님의 말씀을 경험하여 알게 된 가치, 그것은 송이꿀에서 흘러나오는 꿀과 같아서 우리의 혀와 미각을 통해 달콤함을 맛볼 때 즐거움과 기쁨을 느끼게 해준다. 하나님의 말씀을 얼마나 아름답게 묘사했는가! 당신도 개인적으로 이미 그것을 경험하여 잘 알고 있기를 간절히 바란다. 그럴 때 하나님께서 말씀 속에 불어넣으신 순수한 황금이 우리에게 즐거움을 가져다주는 순수한 황금색 꿀로 느껴지지 않겠는가! 아주 잘 알려지고 오래돼서 식상했던 진리가 신선한 활력과 새로운 맛으로 무장해 갑자기 다시 살아 돌아오는 경우가 흔히 있다. 그런 의미에서 이 말씀이 새로운 진리나 새로운 강조점으로 다가올 수도 있다. 그럴지라도 그 말씀 속에서 그리고 말씀과 더불어 신선한 꿀은 언제나 송이꿀에서 흘러내리고 있다.

금광과 송이꿀

이제 좀더 구체적인 내용으로 들어가보자. 이 구절이 성경 어디에 있는지 말해보라. 바로 시편 19편이다. 그럼 시편 19편은 어디에 있는가? 성경 전체를 죽 훑어볼 때 요한계시록에 포함되어 있지는 않다. 그렇다고 우리가 신약성경이라고 부르는 곳에 속해 있지도 않다. 물론 신약성경에는 주 예수 그리스도가 출현하시기 때문에, 그분에게서 최고의 금과 가장 순수한 꿀을 기대할 수 있다. 그러나 시편 19편은 거기 포함되지 않는다. 시편 19편은 구약성경이라고 부르는 책의 한가운데 자리 잡고 있다. 구약성경에 대해 이야기하자면, 그것은 많은 순금보다 더 고귀한 가치를 지닐 뿐 아니라 송이꿀에서 흘러나오는 신선한 꿀보다도 더 달콤하다는 사실을 경험을 통해 알고 있다. 그리고 나는 늘 기도한다. "주여, 당신의 말씀이 제게 그와 같게 하소서. 특히 성경에서 큰 지면을 차지하는 이 부분, 우리가 구약성경이라고 부르는 성경책의 앞부분, 바로 그것이 제게 금보다 더 순수하고 꿀보다 더 달게 하소서."

하나님의 말씀에 대한 구약성경의 언급들

에스겔 2장 8절-3장 4절을 읽어보라.

너 인자야 내가 네게 이르는 말을 듣고 그 패역한 족속같이 패역하지 말고 네 입을 벌리고 내가 네게 주는 것을 먹으라 하시기로 내가 보니 보라 한 손이 나를 향하여 펴지고 보라 그 안에 두루마리 책이 있더라 그가 그것을 내 앞에 펴시니 그 안팎에 글이 있는데 그 위에 애가와 애곡과 재앙의 말이 기록되었더라 또 그가 내게 이르시되 인자야 너는 발견한 것을 먹으라 너는 이 두루마리를 먹고 가서 이스라엘 족속에게 말하라 하시기로 내가 입을 벌리니 그가 그 두루마리를 내게 먹이시며 내게 이르시되 인자야 내가 네게 주는 이 두루마리를 네 배에 넣으며 네 창자에 채우라 하시기에 내가 먹으니 그것이 내 입에서 달기가 꿀 같더라 그가 또 내게 이르시되 인자야 이스라엘 족속에게 가서 내 말로 그들에게 고하라

이 말씀은 에스겔이 겪은 일로 일종의 '설명에 도움이 되는 경험'이다. 여기서 어떤 사실을 강조하고 있는지 주목해보라. 첫째, 주어진 하나님의 말씀이 지닌 완벽함이다(2:10). 이 말씀은 안팎으로 기록되어 있어서 더 이상 추가할 여지가 없다. 둘째, 그 내용의 명확함이다(2:10). 독자에게 명확한 내용(애가, 애곡, 재앙의 말)을 전달하는 말씀의 능력을 보여준다. 셋째, 그 말씀이 지닌 내적인 영양분이다(2:8; 3:1, 3). 넷째, 그 말씀을 먹는 사람들이 느끼는 맛의 탁월함이다(3:3; 참조. 렘 15:16). 다섯째, 사역을 위한 '도구'로서 그 말씀이 지닌 효과다(3:4). "내 말로"는 '내 말을 도구로 사용하여'라는 뜻이다(NB, NKJV). 하나님의 말씀은 청중의 패역한 마음(2:7)을 다루기 위해 에스겔에게 주어진 유일한 무기였다.

창세기 1장 3, 6-7절 등은 천지창조 때 그 말씀이 창조적인 권능과 지배력을 발휘했음을 언급한다(참조. 시 33:6; 147:15; 148:5). 이

사야 40장 6-8절은 하나님의 말씀이 영원하다는 사실을 언급한다. 시편 기자는 말씀의 순결함을 찬양한다(시 12:6). 아울러 그 말씀을 사용하는 사람들에게도 순결을 요구한다(렘 15:19).

시편 119편에 나타난 하나님의 말씀에 대한 일곱 가지 명칭

율법 가르침, 교훈의 말씀(1절)

증거들 하나님께서 진리라고 '증언'하신 내용과 그분에 관한 진실 그리고 계시된 말씀(2절)

도 그리스도인의 특징을 보여주는 생활방식에 대한 지침으로 주어진 말씀(3절)

법도 일상생활의 세부적인 내용에 관한 교훈으로 주어진 말씀(4절)

율례 '새기다'라는 동사에서 파생된 단어로, 바위에 새겨지는 것같이 영속성을 지닌 말씀(5절)

계명 하나님께서 순종하라고 주신 말씀(6절)

판단 재판관의 권위 있는 선언 같은 말씀. 간직해야 할 진리와 삶의 지침이라고 여호와께서 친히 '정하신' 내용을 표현하는 말씀(7절)

2 세 부분으로 이루어진 구약성경

그러면 우리가 물려받은 '구약성경'이라는 책 속에는 무엇이 담겨 있는가? 오늘날 우리가 가지고 있는 구약성경의 배열순서는 BC 300년경에 제작된, 히브리어 성경을 그리스어로 번역한 성경으로 거슬러 올라간다. 순서를 바꾼 이유는 오로지 성경을 번역한 이들만 알 뿐이다.

오늘날 우리에게 주어진 히브리어 성경은 본래 율법서, 선지서, 성문서 세 부분으로 구성되어 있었다.

율법서는 구약성경 제일 앞에 등장하는 창세기부터 신명기에 이르는 다섯 권의 책을 가리킨다. 이름하여 모세의 율법, 즉 모세오경이라 부른다.

선지서는 다시 두 부분으로 나뉜다. '전(前) 선지서'에는 여호수아, 사사기, 사무엘상하, 열왕기상하 등이 포함되고, '후(後) 선지서'에는 대선지서인 이사야, 예레미야, 에스겔과 소선지서인 호세아, 요엘, 아모스, 오바댜, 요나, 미가, 나훔, 하박국, 스바냐, 학개, 스가랴, 말라기 등이 포함된다.

성문서는 시편, 잠언, 욥기, 아가, 룻기, 예레미야애가, 전도서, 에스더, 다니엘, 에스라, 느헤미야, 역대상하 등으로 구성된다.

예수님은 어떤 모습의 구약성경을 알고 계셨을까

히브리어 성경의 배열방식을 이해하기 위해서는 약간의 해석과 설명이 필요하다. 먼저 히브리어로 된 구약성경이 세 부분으로 구성되었다는 사실부터 언급했다. 그런데 곧이어 우리 기억에 떠오르는 사건이 있다. 바로 부활하신 날 저녁에 예수님이 '제자들의 마음을 열어 성경을 깨닫게' 해주신 일이다. 특히 그때 예수님은 자신에 관하여 "모세의 율법과 선지자의 글과 시편에 … 기록된 모든 것이 이루어져야 하리라"는 말씀의 의미를 그들에게 가르쳐주셨다

(눅 24:44-45).

한마디로 요약하면 예수님의 언급 속에 구약의 세 부분이 등장하며, 특히 세 번째 부분인 성문서의 경우 성문서의 배열순서상 제일 앞에 나오면서 분량이 가장 많은 '시편'이라는 명칭으로 대신 등장하고 있다. 이것과 동일한 사례가 마가복음 1장 2절에도 등장하는데, 거기서는 선지서 전체를 대신하여 선지서 중 제일 처음 나오는 책인 '선지자 이사야의 글'을 언급하고 있다. 예수님이 알고 계셨던 성경이 지금 우리가 가진 구약성경이었음을 암시해주는 또 다른 사례를 마태복음 23장 35절에서 찾아볼 수 있다. 거기 보면 하나님의 말씀을 거부한 전체 역사를 우리 주님이 의로운 아벨의 피부터 시작해 스가랴(사가랴)의 피까지 죽 훑으신다. 이는 구약성경의 첫 책(창 4:8)부터 마지막 책(대하 24:21)까지 언급하신 것이며, 곧 예수님이 지금과 같은 구약성경을 알고 계셨다는 증거라고 볼 수 있다.

이 증거야말로 구약성경을 사랑해야 할 얼마나 훌륭한 자극제인가! 구약성경이 곧 그분이 갖고 계셨던 바로 그 성경이고, 따라서 이 성경에 대한 우리의 헌신이야말로 그분처럼 되고 싶은 열망의 일부분이라고 할 수 있다.

예언이란 무엇인가

구약성경의 히브리식 배열 때문에 제기되는 두 번째 이슈는, 우리가 흔히 역사서로 알고 있는 책들(여호수아, 사사기, 사무엘상하, 열왕기상하)을 선지서, 즉 예언서로 분류하고 있다는 사실이다. 어떻게 역사가 예언이 될 수 있는가?

처음부터 하나씩 살펴보자. 우리는 먼저 예언이 무엇인지 질문하게 된다. 출애굽기 6장 끝에서부터 출애굽기 7장 시작 부분을 보면, 하나님과 모세가 지극히 현실적인 상황에 대해 대화하는 가운데 '대언자' 즉 예언자라는 표현이 사용되고 있다. 이것은 그 단어의 의미가 무엇인지 완벽하게 보여주는 사례다. 거기서 모세는 여호와께서 부여하신 사명을 감당하기에 자신이 부적합한 인물임을 깨닫고 고백했다. "저는 말을 잘할 줄 모릅니다. 그런데 어찌 파라오가 제 말을 들으려 하겠습니까?"(출 6:30, 쉬운성경). 모세는 자신의 입술이 신령한 은혜를 한 번도 받지 못했다 생각했고, 자신에게 대언자로서의 은사가 없다는 사실을 지극히 당연하게 받아들였다. 하나님의 해결책은 모세의 형 아론을 한 팀으로 묶어, 모세가 아론에게 할 말을 알려주는 방법이었다. 아마도 아론은 말을 잘했던 것 같다.

그런데 하나님은 흔히 생각하는 방식으로 일을 진행하지 않으셨다. 하나님은 말씀하셨다. "나는 너를 파라오 앞에서 마치 하나님과 같게 할 것이다. 그리고 네 형 아론은 너를 위해 대언자가 될 것이다"(출 7:1, 쉬운성경). 그 절차는 분명했다. 하나님이 대언자에게 말씀을 전하시고, 대언자가 청중에게 그 말씀을 전달하는 방식이었다. "네 형 아론에게 내가 너에게 명령한 모든 것을 말해주어라. 네 형 아론은 파라오에게 … 말할 것이다"(출 7:2, 쉬운성경).

이것이 바로 예언의 기본 원칙이다. 예언자의 원조 격인 모세(신 34:10)는 물론이고, 유명하든 유명하지 않든 그의 뒤를 잇는 모든 예언자들에게 똑같이 적용되는 원칙이었다. 하나님은 다른 누군가가 말하는 내용을 들어보고 칭찬하신 뒤, 거기에 소위 '영감'이라는 요소를 덧붙이는 분이 아니다. 오히려 모든 말은 하나님에게서 비롯되었으며, 그것을 전달하기 위해 예언자와 공유하셨다.

실제로 이런 이유 때문에 예언자들은 자신의 사역을 소개할 때 "그러므로 여호와께서 말씀하시기를…"이라는 말로 시작할 수 있었다. 이 말을 좀더 문자 그대로 해석하면, '이것은 여호와께서 말씀하신 바로 그 내용'이라는 뜻이다. 그들은 여호와의 말씀을 문자 그대로 전달했다. 요컨대 여호와께서 예언자를 보내는 대신 자신이 직접 자기 백성에게 오셔서 말씀하기로 결정하셨다면, 예언자가 한 말과 정확히 토씨 하나 안 틀리고 똑같이 말씀하셨을 것이라는 뜻이다.

“여호와의 말씀이 내게 임하니라”

여기서 다루고 있는 내용은 기적이자 신비에 해당한다. 기적이라 부르는 이유는, 비록 예언자가 여호와께서 말씀하기 원하셨던 내용을 정확하게 말하고 있지만, 그 사람 역시 인간이기에 당연히 인간적인 어휘, 숙어, 화법, 문학적인 양식 등을 사용해 말하고 있기 때문이다. 그래서 예를 들면 예레미야의 경우 자신의 책을 시작할 때 “예레미야의 말이라 … 여호와의 말씀이 예레미야에게 임하였고”(렘 1:1-2)라고 말할 수 있었다. 아모스의 경우도 마찬가지다. “아모스가 … 받은 말씀이라 … 여호와께서 이와 같이 말씀하시되…”(암 1:1, 3).

이렇듯 예언자들의 모든 책이 완성되는 과정에서 인간의 개성과 하나님의 영감을 똑같이 주장하는 내용을 찾아볼 수 있다. 예언자들이 말한 내용을 깊이 파고들면 파고들수록, 각각의 예언자들이 자기만의 단어와 문체를 사용해 자기만의 ‘느낌’을 자신의 책 속에 불어넣고 있음을 발견하게 된다. 이를테면 '밀턴의 시풍'과 '베토벤의 음악풍'을 결합한 이사야서의 히브리어라든가, 말라기의 다소 '수다스러운' 문체 등을 꼽을 수 있다.

그러나 구약성경을 구석구석 살펴보아도, 영감의 신비는 여전히 설명이 불가능하다. 예레미야는 예언서를 시작하면서 여호와의 말씀이 자신에게 '임한다'는 표현을 세 번이나 사용했는데(렘 1:2-4), '임한다'는 말이 여기서는 동작을 표현하는 동사의 의미보다는 오히려 '존재한다'는 의미의 동사로 표현될 수 있다. 즉 '여호와의 말씀이 존재했다'는 뜻이다. 히브리어에서 '존재하다'(히, 하야)라는 동사가 갖는 의미를 좀더 강조해서 표현하면, '여호와의 말씀이 살아있는 실체가 되셨다'는 뜻으로 해석할 수 있다.

이 중요한 주제에 관해 더 많은 것을 알고 싶지만, 성경은 여전히 거기에 대해 침묵한다. 다만 성경은 그 사실만을 강조할 뿐이며 그것이 이루어진 메커니즘, 즉 구체적인 방법은 감춘다. 그에 관한 사례들은 찾아볼 수 있지만, 그에 대한 설명은 불가능하다. 가장 간단한 (그리고 내가 생각할 때 가장 효과적인) 사례를 꼽으라면 스테인드글라스로 된 창문을 들 수 있다. 창문 바깥에는 (이 사례의 목적으로 봤을 때) 순수한 햇빛이 존재한다. 그런데 그 순수한 빛이 스테인드글라스를 통과하면서 창문 안쪽으로 수많은 색상과 패턴이 존재하게 된다. 그러나 그 빛과 그로 인해 생겨난 천연색들은 결코 상충하지 않는다. 창문의 유리에 붙은 형형색색의 조각은 장인의 디자인을 통해 그 자리에 놓였으며, 순수한 햇빛을 받은 신선한 색상들 내지는 그것이 담고 있는 이야기는 햇빛을 왜곡시키지 않고, 오히려 장인이 의도했던 내용이 구현되는 것을 가능하게 해준다. 이것과 똑같은 방식으로 예언자들은 준비된 개개인으로서(렘 1:5) 자신들에게 자연스럽게 주어진 사명을 감당하여, 하나님의 말씀과 진리를 전혀 왜곡하지 않고 정확하게 전달할 수 있었다.

역사(HISTORY)는 곧 그분의 이야기(HIS STORY)

이 주제에 대해 뒤에서 다시 다루겠지만, 여기서 조금만 더 이야기하고자 한다. 예언자의 사명은 하나님의 계시된 진리를 전달하는 것이다. 성경의 역사가들도 동일한 사명을 감당했는데, 그들의 경우 역사를 기록할 때 하나님의 손길과 원칙 그리고 하나님의 사역이 세상사에 주권적으로 작용한다는 사실을 밝히 보여줌으로써 그런 사명을 감당했다(단 4:17). 그렇다고 해서 그들이 신학적인 전제를 만족시키기 위해 사실을 왜곡하거나 조작했다는 뜻은 아니다. 절대로 아니다! 모든 역사가는 자신이 활용할 수 있는 수많은 사실과 사건들 가운데서 현명하게 선택하는데, 이때 역사가로서 기술을 발휘한다. 그가 기록한 역사는 자신이 중요하다고 생각하는 내용에 관심을 두고 선택한 것이다. 우리는 하나님에 대해 배우려고 성경의 역사를 읽는다.

마태복음, 마가복음, 누가복음이 전체적으로 동일한 자료를 다루고 있지만, 예수님에 대해 각기 다른 독특한 모습을 표현한다는 사실을 생각해보라. 심지어 요한복음은 복음서 저자들이 어떤 식으로 선택권을 가졌는지 보여줄 뿐 아니라(요 21:25), 그 선택이 역사를 결코 왜곡하지 않았다는 사실도 보여준다. 이와 동일한 방식으로 구약성경의 역사가들도 다양한 사실에 대한 선택권을 가지고 있었으며, 역사의 이야기를 통해 드러나는 하나님의 모습과 역사의 과정을 묘사하는 데 있어 정확성을 유지했다.

3
예수님, 그리고 우문현답

좀 바보 같은 질문을 하고 싶다. 흔히 말하기를 바보 같은 질문을 하면 바보 같은 대답을 듣는다고 한다. 그러나 이 경우, 겉으로 보기에는 바보 같은 질문이지만 가장 중요한 대답을 들을 것으로 예상된다.

바보 같은 질문은 이것이다.

"구약 같은 그런 것이 존재합니까?"

"물론 당연히 존재하지요! 우리가 가진 성경에서 전반부를 차지하는 거대한 부분이 구약 아닙니까!"

당신은 이렇게 대답할지 모른다. 실제로 구약은 성경 전체의 약

4분의 3을 차지하며, 따라서 오해할 여지조차 없을 만큼 확실하게 존재한다.

그런데 좀 특이한 면이 있다. 구약은 좋은 이야기로 가득 차 있으며, (만약 당신도 나처럼 인생의 장년기를 살고 있다면) 그중 많은 내용을 교회 주일학교에서 읽고 배우고 즐겼을 것이다. 정말로 좋은 이야기들이다. 그러나 어른이 되면 사람들은 이렇게 말한다. "아니, 구약에는 전쟁 이야기가 너무 많아. 게다가 이해되지 않는 이상한 의식도 잔뜩 있고, 정말 공감하기 힘든 규정의 목록도 즐비해."

그렇다. 성경에 그런 부분이 있다. 또한 분명히 구약은 존재한다. 그렇지 않은가!

예수님은 뭐라고 말씀하셨는가

그러나 내가 질문한 의도는 그런 것이 아니다. 성경에 이런 부분이 존재한다는 사실을 말하려고 한 것이 아니다. 여전히 나는 묻고 싶다.

"구약은 정말로 존재합니까?" 그리고 "구약과 같은 그런 것이 존재합니까?"

나는 그 질문들을 제대로 검증해보고 싶다. 주 예수 그리스도께 찾아가서 이렇게 질문한다고 가정해보자.

"예수님, 왜 구약을 계속 인용하셨는지 이유를 말씀해주시겠습니까?"

그러면 예수님은 이렇게 대답하시지 않을까.

"구… 뭐? 나는 자네들이 무슨 말을 하는지 모르겠네. 자네들이 말하는 '구약'이란 게 뭔가?"

우리는 전혀 예상하지 못한 대답을 들었기에 몹시 당황스러운 모습으로, 우리가 한 질문의 의미를 설명하려고 애쓰기 시작할 것이다.

"예수님, 그러니까 왜 구약을 자꾸 인용하시냐고요?"

그렇게 옥신각신하다 마침내 예수님은 우리에게 이렇게 말씀하시지 않을까.

"아, 알겠네! 자네들은 지금 성경말씀을 말하고 있군. 그런데 왜 성경말씀을 그런 이상한 이름으로 부르는가? 자네들이 말하는 것은 바로 성경말씀이라네."

이 내용을 요한복음 10장 35절에서 찾을 수 있다. "성경은 폐하지 못하나니" 그분이 사용하신 용어는 구약이 아니라 '성경'이었다. 만약 우리가 존귀한 구세주이신 예수님과 계속 대화한다면, 예수님은 다시 이렇게 말씀하실 것이다.

"아, 이제 자네들이 무엇을 말하는지 알겠네! 자네들이 말하는 것은 바로 '하나님의 말씀'이라네."

마가복음 7장 13절에서 이렇게 말씀하시는 예수님의 음성을 들을 수 있다. "너희가 전한 전통으로 하나님의 말씀을 폐하며 또 이 같은 일을 많이 행하느니라" 이 문제를 좀더 파고든다면, 예수님은 우리를 추궁하실 것이다.

"왜 자네들은 구약이라고 부르는가? 그것은 하나님의 율법이네. '율법'이라고."

누가복음 10장 26절에서 예수님은 "율법에 무엇이라 기록되었으며 네가 어떻게 읽느냐"라고 물으셨다.

성경, 말씀, 율법

예수님은 우리가 사용하는 '구약'이라는 용어를 알지 못하셨을 것이다. 예수님은 '성경' '하나님의 말씀' '율법'이라고 표현하셨다.

먼저 형식으로 봤을 때, 성경은 기록된 글의 형태로 우리에게 주어졌다.

또 성경의 본질과 권위를 놓고 봤을 때, 그것은 '하나님의 말씀'이다. 구약의 선지자들은 설교를 시작할 때 "대저 여호와께서 이같이 말씀하시되…"(이 말을 좀더 문자적으로 해석하면 '이것은 여호와께서 말씀하신 바로 그 내용이다')라는 표현을 자주 사용했고, 앞서 살펴본 바와 같이 그들이 말하고자 하는 뜻은 이것이다. "만약 전능하신 여호와 하나님께서 선지자인 나를 보내는 대신 친히 오셔서 너희에게 말씀하신다면, 지금 내가 말하는 것과 토씨 하나 안 틀리고 똑같이 말씀하셨을 것이다." 그런 의미에서 성경은 곧 '하나님의 말씀'이다. 하나님이 우리에게 말씀하셨고 또 말씀하고 계신 바와 같이, 성경의 기원은 궁극적으로 신성하다. 따라서 우리에게 소중할 뿐 아니라 권위가 있다.

마지막으로 내용 면에서 볼 때, 성경은 '율법'이다. 이 용어에 신중히 주의를 기울여야 한다. 흔히 율법이라고 하면 지켜야 할 규정, 규칙, 이런저런 법규 등을 의미하기 때문이다. 율법은 좁은 의미로 규칙, 법률, 심지어 제한 사항이나 금지 사항 등을 의미하지만, 성경에서 율법은 '가르침'을 의미한다. 그 안에는 법률적으로 규제하는 요소가 담겨 있기는 하지만, 기본적으로 여호와께서 자기 백성과 공유하기를 원하시는 진리를 전달한다는 뜻이 있다.

잠언 4장 1-2절에서 좋은 사례를 찾을 수 있다. "아들들아 아비의 훈계를 들으며 … 내 법을 떠나지 말라" 이 말씀에서 묘사하는 매력적인 장면이 눈앞에 그려지는가? 인생을 준비하는 사랑하는 아들들을 가르치는 사랑과 관심이 넘치는 아버지의 모습이다. 때때로 여호와는 우리에게 진리를 직접 선포하심으로 말씀을 가르쳐주시지만, 때로는 지켜야 할 규율을 가르침의 형식으로 베풀어 주신다. 그런가 하면 사건과 경험을 통해 우리를 가르치시는 일도 아주 흔하게 일어나며, 시편에서 보듯 다른 사람들의 경험을 통해 인생의 다양한 변화와 기회에 대해 묵상하게도 하신다. 그렇지만 그분의 율법은 언제나 '하나님의 율법'이자 가르침이다. 누가복음 10장 26절에서, 주 예수 그리스도는 우리가 구약이라고 부르는 그 책을 전체적으로 죽 훑으신 후에 그것을 가리켜 '율법'이라고 부르셨는데, 이 말은 결국 '이것은 하나님의 가르침'이라는 뜻이다.

그렇다면 다시 묻고 싶다. 구약 같은 그런 것이 존재하는가? 음, 그렇기도 하고 아니기도 하다. 그렇다고 하는 이유는, 그것이 우리의 성경 속에 존재하고 있기 때문이다. 또 우리가 '구약'이라는 이상한 용어를 물려받았고, 그 용어를 제거하기에는 너무 늦어버렸기 때문이다. 반면 아니라고 한 이유는, 우리가 사용하는 용어와 다른 유서 깊은 명칭이 존재하기 때문이다. 우리는 주 예수 그리스도와 동일한 입장을 취하여 다음과 같은 명칭을 사용하고자 한다. 기록된 형태 면에서 '성경', 영감을 받은 권위 있는 내용이라는 점에서 '하나님의 말씀', 우리를 교훈하고 지도하기 위한 신성한 가르침이라는 뜻에서 '율법'이라고 부를 수 있다.

바울은 성경을 어떻게 보았나

바울은 성경 전체를 하나님의 말씀으로 보았다. 먼저 바울은 디모데에게 유산으로 물려받은 것이 무엇인지 상기시켰다. 바울은 디모데에게 "어려서부터 성경을 알았나니"(딤후 3:15)라고 말했는데, 여기서 말하는 성경이 오늘날 구약이라고 부르는 바로 그 말씀이다.

그러나 바울은 원론적으로 봤을 때 디모데가 현재 소유하고 있는 것이 무엇인지 지적해주었다. "나의 교훈과 행실과 … 박해를 받은 것을 네가 과연 보고 알았거니와 … 너는 배우고 확신한 일에 거하라 너는 네가 누구에게서 배운 것을 알며…"(딤후 3:10-14). 바울은 자신의 영감 된 글에 대해서도 당연히 언급하고 있지만, 원칙적으로 그의 말씀은 신약에 나오는 사도들의 말씀에 바탕을 둔다.

그래서 바울은 구약과 신약을 하나로 묶어 "모든 성경은 하나님의 감동으로 된 것으로 교훈[진리를 가르침]과 책망[잘못된 생각과 행동을 교정함]과 바르게 함[삶의 과정을 재정립함]과 의로 교육하기[신자를 교육하되 어려서부터(15절) 시작하여 온전함에 이를 때까지(17절) 교육함]에 유익하니"(딤후 3:16-17)라고 가르치고 있다. 여기서 "하나님의 감동으로 된"(16절)에 해당하는 구절을 영어성경 NIV와 ESV(2007)에서는 한 단어로 표현하여 '하나님께서 숨을 불어넣으신'(God-breathed)이라는 말로 정확하게 기술한다. 하나님의 영감이란 원래 인간의 작품이었던 것을 추가로 '윤색'하거나 '향상'시키는 것을 의미하지 않는다. 성경말씀은 하나님께서 친히 '숨을 불어넣으신' 진리에서 시작하였고, 그것이 그분의 선택받은 대리자들을 통해 교회에 전달되었으며, 대리자들은 말씀의 신적인 기원과 특성을 전혀 훼손하지 않으면서도 그 위에 진정한 인간의 색채를 덧입혔다.

누가의 통찰력

누가복음 24장 13-49절에서 누가가 선택적으로 제시한 부활하신 주 예수님에 대한 계시는, 구약을 바라보는 주님의 관점에 대해 중요한 통찰력을 제공한다. 첫째, 부활하신 주님은 성경말씀을 통한 경우(27, 32절)가 아니면 자신을 알리고 싶어 하지 않으셨다(16절). 둘째, 예수님이 성경말씀을 세 부분으로 나누었다("모세와 모든 선지자의 글 … 모든 성경", 27절)는 추론이 44절("모세의 율법과 선지자의 글과 시편에…")에서 명백하게 확인되고 있다. 히브리어 성경은 이 세 항목을 정확하게 담고 있으며, 시편은 순서상으로 봤을 때 그 가운데 세 번째 항목인 성문서의 첫 책으로서 전체 항목을 대표하는 의미를 갖는다.

이런 맥락에서 누가복음 11장 51절을 비교해 살펴보라. 거기서 예수님은 아벨부터 스가랴에 이르기까지 구약의 '순교자들'을 회고하신다. 아벨의 이야기는 히브리어 성경의 첫 책인 창세기에 기록되어 있고(창 4장), 스가랴의 이야기는 히브리어 성경의 마지막 책인 역대하 24장 20-21절에 기록되어 있다. 한마디로 예수님은 우리가 알고 있는 구약성경, 즉 창세기부터 역대하에 이르는 세 부분으로 이루어진 성경을 소유하고 계셨을 뿐 아니라 그것을 공식적으로 인정하셨다. 다만 우리가 가진 구약성경은 히브리어 성경을 그리스어로 번역한 70인역(the Septuagint)의 배열순서를 따르고 있을 뿐이다.

4 예수님을 위한 준비

구약성경에 대해 할 말이 많지만 무엇보다 가장 먼저 강조하고 싶은 말은, 지금 이 구약성경은 주 예수 그리스도를 위해 우리를 준비시키려는 목적이 있다는 것이다. 좀더 직설적으로 표현하자면, 만일 구약성경이 없었다면 우리는 예수님을 제대로 알지 못했을 것이다. 이 사실은 아무리 반복해서 강조해도 지나치지 않다. 다시 말하지만, 만약 구약성경이 없었다면 우리는 예수님을 제대로 알지 못했을 것이다. 예전에는 예수님을 중심으로 성경 전체를 보라고 배웠다. 그래서 구약성경은 예언대로 오실 예수님에 초점을 맞추고, 복음서는 이 땅에 오신 예수님에, 사도행전은 예수님에 대한 선포에, 서신서는 예수님에 대한 설명에, 요한계시록은 다시 오실 예수님에 각각 초점을 맞추고 있다고 배웠다. 그리고 어느 정도는 이런 가르침이 성경의 가장 핵심적인 진리를 압축한다고 해도 과언이 아니다.

마태의 출발점

먼저 마태가 복음서를 어떻게 시작하고 있는지 생각해보라. 그는 자신의 복음서를 시작하면서 '낳고, 낳고, 낳고'라는 말로 한 장 전체를 가득 채웠고, 이것을 본 우리는 '왜?'라는 질문을 던질 수밖에 없다. 마태가 우리에게 말하고 싶은 것이 무엇인가? 예수님의 탄생을 이해한다면, 우리가 하나님이 자기 아들의 어머니로 선택한 훌륭한 여인 마리아부터 시작해서도 안 되고, 예수님의 양아버지로 선발된 용감한 요셉부터 시작해서도 안 된다는 사실을 마태는 말하고 있다. 아니, "예수 그리스도의 계보"(마 1:1)는 그보다 훨씬 이전으로 올라가 다윗과 아브라함부터 시작해야 한다는 사실을 마태는 말하고 싶은 것이다.

바로 이런 방식으로 예수님의 탄생을 이해해야 한다. 우리는 구약성경의 저 깊은 곳으로 곧장 나아가야만 한다. 그곳이 예수님의 배경이자 예수님 역사의 배후인 셈이다.

마태뿐 아니라 다른 복음서의 저자 세 명도 예수님 역사의 배경을 우리에게 직접적으로 제시하고 있다. 마가는 말라기를 통해(막 1:2; 말 3:1; 4:5) 이사야의 예언으로 거슬러 올라간 뒤(막 1:3; 사 40:3), 거기 언급된 '주의 길을 예비하는 자'를 자처하는 세례 요한에게 우리를 안내한다. 우리는 말라기의 눈을 통해, 자신을 주로 소개한 예수님이 예언자 엘리야가 선포한 대로 그의 성전에 임하신 것을 본다. 이사야가 볼 때 그분은 위로의 말씀을 선포하는 설교자요(사 40:1) 신성한 주로서(사 40:3) "모든 육체"가 함께 듣게 될 메시지를 전하시는 분이다(사 40:5). 그러나 당시 유대교가 기다렸던 국가를 회복하고 재건할 정치적인 정복자는 아니었다. 오히려 요한이 전한 회개의 메시지와 개인적인 죄의 고백이 그분의 길을 예비하는 데 더욱 잘 어울리는 그런 메시아였다(막 1:4-5). 누가는 우리 주님의 족보를 아담에게까지 거슬러 올라감으로써(눅 3:38), 그분이 우주적으로 중요한 분이라는 인상을 강하게 심어줄 뿐 아니라, 마태와 마찬가지로 예수님이 다윗의 혈통임을 강조한다(눅 1:27, 32). 그런데 요한은 이것보다 훨씬 더 깊이 파고들어 간다. 그는 예수님이 하늘에 계실 때의 이야기부터 자신의 복음서를 시작할 정도다. 로 고스, 즉 말씀이신 예수님은 "하나님과 함께" 계셨을 뿐 아니라 "하나님이시니라"고 요한은 선포한다. 여기에 대해서는 예언과 성취에 관한 주제를 다룰 때 더 자세히 설명할 것이다.

마태의 관점: 아브라함과 다윗

다시 마태복음으로 돌아가보자. 마태의 주장에 따르면, 우리는 아브라함과 다윗의 관점에서 예수님을 보아야 한다(마 1:1). 아브라함은 모든 나라가 그로 말미암아 복을 얻을 것이라는 축복의 약속을 받았다(창 12:1-3; 22:15-18). 또 우리는 다윗의 관점에서 예수님을 보아야 한다. 다윗은 우주적이고 영원한 왕국을 소유하게 해주겠다는 하나님의 약속을 받았다(삼하 7:16; 시 89:3-4, 20-29; 사 9:6-7). 그 왕국은 한없이 퍼져나가고 끝없이 지속되리라는 두 가지 약속을 받았는데, 이것이 바로 다윗에게 약속으로 주어진 통치의 특징이다. 그래서 마태는 주장하기를, 한쪽에는 아브라함에게 초점을 맞춘 렌즈를 끼우고, 다른 쪽에는 다윗에게 초점을 맞춘 렌즈를 끼운 안경을 쓰지 않으면 예수님을 진정으로 볼 수 없다고 말한다. 이런 맥락에서 우리가 베들레헴 이야기로 넘어가기에 앞서 먼저 깨달아야 할 사실이 있다. 다름 아니라 장차 오실 그분은 온 세상에 주시기로 약속한 축복을 회복하실 분이며, 모든 피조물을 지금부터 영원까지 다스리실 분이라는 점이다. 마태복음 1장을 건너뛸 경우, 그 장이 주는 흥분을 느끼지 못하게 된다. 그러나 그 장이 계속해서 이야기해주는 사실을 한마디로 말하면, 구약 없이는 예수님을 제대로 알 수 없다는 것이다.

그리고 이사야를 주목하라

마태복음 1장 마지막에서 마태는 주 예수 그리스도의 탄생에 관심을 쏟으면서, 우리의 안경에 끼워야 할 또 하나의 렌즈를 추가한다! 아브라함과 다윗을 통해 예수님을 보라고 말할 뿐 아니라, 또한 사람의 위대한 인물에 대해 묘사하는데 바로 이사야 선지자다. 마태는 이사야 7장 14절의 "보라 처녀가 잉태하여 아들을 낳을 것이요 그의 이름을 임마누엘이라 하리라"는 말씀을 읽지 않고서는 예수님에 대해 이해하지 못할 것이라고 보았다. 여기서 다시 한 번 성경 전체가 어떻게 하나로 묶이는지 알 수 있으며, 구약을 한쪽으로 제쳐놓는다면 예수님에 대한 지식의 상당 부분을 잃어버리게 된다는 말이 얼마나 사실인지를 깨닫게 된다. 예수님은 온 세상을 축복하고 다스릴 유일한 분이며, 이사야가 예언한 신비한 동정녀 탄생의 주인공이다(마 1:23). 그리고 무엇보다 예수님은 하나님이 친히 우리와 함께 계신다는 사실을 보여준다.

자유주의 신학과 현대 신학의 의견과 달리, 마태복음 1장 23절의 '처녀'를 가리키는 그리스어 단어와 이사야 7장 14절에서 '처녀'를 가리키는 히브리어 단어는 '처녀'를 뜻하는 것이 아니라 '동정녀'를 뜻한다. 그 본문은 동정녀 탄생의 기적에 대해 말해준다. 이사야 선지자가 그것을 예언했고, 이는 장차 오실 메시아에 대한 이사야 선지자의 '견해'였다. 다시 말해 그것은 이사야에게 영감으로 주어진 예수님에 대한 증거의 일부분이다. 예수님은 동정녀에게서 태어난 아들이시다. 한마디로 기적의 어머니에게서 태어난 기적의 아들인 셈이다. 그런데 예수님을 기적의 아들이라고 부르는 또 다른 이유가 있다면, 그것은 바로 우리와 함께 계시는 하나님이기 때문이다.

일곱 가지 성취

주 예수 그리스도의 탄생에 관한 이야기는 구약을 토대로 하는 것이 필수적임을 보여준다. 그런데 이 이야기 외에, 마태가 예수님께서 공생애 사역을 시작하는 계기가 되는 이야기를 전개하는 과정을 볼 때도, 구약을 토대로 하는 것이 필수라는 동일한 주장을 발견하게 된다. 여기서 언급하지 않을 수 없는 한 가지 사실은, 어는 때고 신약을 읽게 되면 반드시 구약으로 거슬러 올라가게 된다는 점이다. 구약을 알고 연구하고 이해하지 않고는, 참된 신약의 독자도 신자도 될 수 없다.

마태복음 1장 17절-4장 17절에 나오는 마태의 기록을 살펴보라. 거기에는 예수님의 탄생 이야기부터 시작해, 예수님이 처음으로 복음을 전파하기 시작한 이야기가 기록되어 있다. 이 단락을 '일곱 가지 성취의 책'이라고 부를 수 있다. 마태가 구약의 일곱 가지 예언을 선택해, 예수님이 진정으로 어떤 분인지 충분히 이해할 수 있도록 바라보는 렌즈로 사용하고 있기 때문이다.

1. 동정녀에게 탄생하신 독생자(1:22-23)
2. 베들레헴에서 탄생하심(2:5-6)
3. 이집트로 피난 갔다 돌아오심(2:15)
4. 무고한 유아들에 대한 학살(2:17-18)
5. 나사렛에 정착하심(2:23)
6. 주의 길을 예비하는 세례 요한의 사역(3:1-3)
7. 북쪽 국경 근방에서 예수님이 공생애를 시작하셨고, 그곳에서 어둠 가운데 살아가던 사람들이 큰 빛을 보게 됨(4:13-14)

여기서 마태가 강력하게 주장하는 한 가지 사실을 보게 된다. 다름 아니라, 구약 없이는 예수님을 제대로 알 수 없다는 것이다. 그리고 이것은 비단 마태뿐 아니라 신약성경 전체가 주장하는 사실이다. 시간만 있다면 이것에 대해 자세히 다룰 수 있을 것이다. 구약은 기본원칙을 확립하고 나아가 기본적인 해석을 전개하고 있다는 점에서 구세주로 오신 예수님을 볼 수 있는 완벽한 렌즈 역할을 한다. 구약이야말로 주 예수님을 맞이할 수 있도록 우리를 준비시킨다. 그런 의미에서 구약은 경이로운 어머니에게서 태어난 경이로운 아들, 하나님이 우리와 함께 계신다는 의미를 가진 그 아들에 관한 경이로운 책이다.

5
성경의 단어들은 성경적인 의미를 갖는다!

이제 성경에 관한 또 하나의 위대한 진리로 다시 눈을 돌려보자. 그 진리란 바로 다음과 같다.

구약은 신약을 설명한다는 것이다. 이는 구약이 없으면 신약을 제대로 이해하지 못한다는 뜻이다. 하나님이 신약을 통해 우리에게 주신 핵심적인 계시를 이해하는 데 필요한 토대를 바로 구약이 제공한다.

단어와 의미

예를 들어, 종교적으로 매우 중요한 단어들을 살펴보자. 이런 단어는 사실상 구속이라는 개념을 설명하는 데 사용된다. 그렇다면 구속이란 무슨 뜻인가?

이것을 알아보는 한 가지 방법은 사전에서 그 단어를 찾아보는 것이다. 이 방법은 나름대로 충분한 도움을 줄 수 있다. 그러나 '구속'이라는 단어를 신약에서 사용할 때는, 사실상 우리가 구약을 이미 읽었다는 전제하에서 사용하는 것이다. 간단히 말해, 성경의 단어들은 성경적인 의미를 갖는다. 그 단어의 사전적 의미가 중요한 것이 아니다.

중요한 것은 그 단어가 성경에서 어떻게 사용되고 있는가, 그 단어의 기본적인 의미는 무엇인가, 그리고 그 단어가 뜻하는 의미의 폭이 어디까지인가 하는 점이다.

구속을 설명하는 단어

이를 위해 히브리어를 조금만 배워보자. 구속을 설명하는 대표적인 단어가 두세 개 정도 있는데, 그 단어에 대한 설명은 다름 아닌 구약에서 찾을 수 있다.

우리가 생각해볼 첫 번째 단어는 '고엘'(*Goel*)이라는 히브리어 단어다.

룻기를 보면, 룻이 자신의 고향 땅인 모압을 떠나 시어머니인 나오미와 함께 베들레헴으로 돌아오는 과정을 읽을 수 있다. 나오미의 증언에 따르면, 자신이 베들레헴을 떠날 때는 풍족한 상태였으나 여호와께서 빈 몸으로 돌아오게 하셨다고 한다(룻 1:21).

어떤 면에서 보면 이 말은 사실이었다. 나오미는 두 아들과 더불어 남편과 함께 베들레헴을 떠났지만, 돌아올 때는 남편과 두 아들을 모두 잃은 과부의 신세가 되어 있었고 곁에는 오로지 며느리 룻만 남아 있었다.

그러나 룻기에는 이런 상황을 설명해줄 수 있는 더 중요한 진리가 담겨 있다. 나오미는 떠났지만 여호와께서 돌아오게 하셨다는 점이다. 이 사실은 룻기에서 중요한 의미를 갖는다. 이것은 하나님의 주권적인 돌보심, 지켜보심과 함께 풍성한 사랑과 섭리의 손길로 우리 삶의 세부적인 방향을 인도하시는 하나님을 보여준다.

성경을 읽고 연구할 때 꼭 필요한 최고의 동반자는 바로 훌륭한 성경성구사전이다. 이 사전은 어떤 특정 단어가 등장하는 성경의 모든 구절을 색인처럼 망라한 책 혹은 컴퓨터 소프트웨어다. 예를 들어, 『크루덴 성구사전』(Cruden's Concordance)은 킹제임스성경(KJV)에서 찾을 수 있는 단어만 열거해 놓았다. 반면 『영의 분석적 성구사전』(Young's Analytical Concordance)과 『스트롱의 완벽 성구사전』(Strong's Exhaustive Concordance)은 위의 책보다는 훨씬 더 포괄적인 내용을 담고 있다. 두 책의 저자들은 때때로 어떤 영어 단어가 두 개 이상의 히브리어 단어나 그리스어 단어를 번역하거나 표현할 때 사용되는 경우가 있음을 인식하고서, 그 영어 단어에 대해 각각의 색인을 만들고 원문에 나오는 히브리어 단어나 그리스어 단어와 연결시켰다. 이런 방법을 통해 성경이 특정 어휘를 실제로 어떻게 사용하는지 그 사용방식을 파악할 수 있다.

친족의 권리

나오미는 며느리 룻을 데리고 돌아왔다. 두 사람은 지독한 가난 속에 살았다. 사회적 안전망이 없던 그 시절에 가난은 대단히 심각한 문제였다. 그렇다면 그들은 어떻게 의식주 문제를 해결했을까? 하나님은 자기 백성의 필요를 미리 아시고, 앞날을 대비할 수 있는 규정을 제정하셨다. 그것이 바로 고엘제도였다. 이 제도 덕분에 나오미와 룻에게는 "우리는 온갖 무거운 짐을 다 짊어지고 있습니다. 우리에겐 고엘이 필요합니다. 자주 설명해주셨던 대로 우리에겐 '친족의 기업을 무를 자'가 필요하단 말입니다." 하고 요청할 수 있는 길이 열렸다.

간단히 요약하면, 나오미의 말은 그 규정이 어떤 식으로 효력을 발휘했는지 보여준다. 이스라엘에서 어려운 형편에 처하게 될 때 구원의 손길을 펴는 것이 바로 친족의 권리였다. 다시 말해 "자네, 빚을 졌는가? 내가 그 빚을 갚아주지. 자네, 무거운 짐을 지고 있는가? 내가 그 짐을 대신 져주지. 자네에게 무슨 문제가 있는가? 그럼 내가 해결해주지. 혹시 필요한 게 있는가? 내가 채워주겠네." 이것이 친족-구원자 제도였다.

다시 본래의 이야기로 돌아와서, 나오미와 룻은 일종의 기초적인 사회보장제도라 할 수 있는 또 다른 대책을 이용하기로 한다. 가난한 자들이 부자들의 밭에서 곡식을 '주워 모으는 것'을 허락하는 관습이었다(레 19:10; 25:25; 신 24:19-22; 룻 2:2). 하나님의 사랑 충만한 섭리를 여기서도 볼 수 있다. 아는 사람이 아무도 없는 룻은 보아스의 밭으로 이삭을 주우러 갔고, 마침 보아스는 가까운 친척, 즉 "기업을 무를 자 중의 하나"(룻 2:20)였던 것이다!

이쯤에서 '줄거리가 점점 더 복잡해지고 있다'는 사실을 당신이 느꼈다면 제대로 맞혔다! 룻기 4장은 친족을 얼마나 진지하게 골랐는지를 기록하고 있다.

모든 상황이 밝혀지자 보아스는 기꺼이 나오미와 룻을 책임지기로 결심한다. 그러나 자신보다 더 가까운 친족이 있음을 알고 그에게 설명했다. "만일 네가 무르려면 무르려니와 만일 네가 무르지 아니하려거든 내게 고하여 알게 하라 네 다음은 나요 그 외에는 무를 자가 없느니라"(룻 4:4). 그 기업 무를 자는 나오미의 남편이 소유한 땅을 기꺼이 사겠다는 의사를 밝혔다. 그런데 그 가운데 룻도 포함된다는 사실을 알게 되자 한 걸음 뒤로 물러나면서 말했다. "나는 내 기업에 손해가 있을까 하여 나를 위하여 무르지 못하노니 내가 무를 것을 네가 무르라 나는 무르지 못하겠노라"(룻 4:6). 이 말은 토지 외에 룻과 룻의 부양가족처럼 추가로 책임져야 하는 대상에 대해서는 떠맡지 않겠다는 뜻으로 해석이 가능하다. 결국 보아스가 고엘, 즉 친족-구원자가 되었고 그들은 모두 영원히 행복하게 잘 살았다는 그런 이야기다!

이런 식으로 룻의 이야기를 재조명해보는 것이 중요한 이유는, '고엘'이라는 단어의 의미를 오해 없이 명쾌하게 이해할 수 있도록 도와주기 때문이다. 그렇다면 이런 가까운 친족이란 무엇인가? 고엘이 무엇을 의미하는가? 고엘이란 다음과 같이 말할 수 있는 권리가 있는 사람이다. "자네에게 문제가 있지. 그것을 나에게 맡기게. 자네에게 무거운 짐이 있군. 내가 그 짐을 대신 지겠네. 자네에게 빚이 있군 그래. 내 빚인 양 대신 갚아주겠네. 필요한 게 있으면 내가 채워주겠네."

그렇다면 우리는 구속(redemption)이라는 단어를 이런 식으로 이해해도 괜찮은가? 이것이 바로 하나님이 의도하신 정확한 뜻이다. 여호와께서 구약의 백성들에게 자신을 구원자로 생각하라고 하시면서 자신을 소개하셨을 때, 바로 이런 뜻으로 말씀하신 것이다. 이것은 또한 예수님이 하신 사역을 정확하게 의미한다. 예수님의 사역은 이런 것이었다. "너희가 죄라는 무거운 짐을 지고 있지? 그것을 내게 맡기게. 또 하나님 보시기에 빚을 지고 있군. 내가 그 빚을 갚아주겠네. 너희 힘으로는 도저히 해결이 불가능한 곤경에 처해 있군 그래. 내가 너희를 위해 그것을 해결해주지." 당신은 이런 사실을 확실하게 보고 있는가? 구약이 없었다면 그리고 룻기가 없었다면, 아마도 이런 사실을 확실하게 보지 못했을 것이다. 구약이 없었다면 신약에 나타난 이 위대한 구속의 진리를 제대로 이해하는 것은 고사하고 파악조차 하지 못했을 것이다.

'고엘'이 언급된 또 다른 성경구절들

욥은 고난의 극한 상황 속에서 자신에게 고엘("대속자")이 계시며 그분이 자신의 궁극적인 안녕을 보장해주시리라는 사실을 깨닫게 되었다(욥 19:25). "대속자"는 여호와를 가리킬 때 사용되던 여러 칭호들 가운데 하나일 뿐만 아니라, 여호와께서 친히 사용하기도 하셨다(시 19:14; 103:4; 사 41:14; 43:14; 44:24; 59:20; 60:16 등).

고엘이라는 단어가 바로 그런 역할을 한다. 그런데 주목해야 할 또 하나의 히브리어 동사가 있는데 바로 '파다'(*Padah*)이다. 파다는 '대가를 지불하다'라는 뜻이다. 고엘이 대가를 지불하는 사람을 강조한 말이라면, 파다는 지불해야 하는 대가를 강조한 말이다. 지불해야 할 대가가 무엇이든 간에, 고엘이 나타나 고난 중에 있으면서 무거운 짐을 진 연약하고 무기력한 영혼을 대신하여 그 대가를 지불할 것이다.

내가 이런 사실에 대해 알게 된 이유가 히브리어를 조금 알고 있기 때문인가? 아니다. 그런 것은 성구사전에서 찾아볼 수 있다. 성경 전체를 훑어가며 그 단어를 추적해보라. 그러면 이런 의미들이 당신 앞에 자연스럽게 모습을 드러낼 것이다.

물론 여기 앉아서 나한테 설명을 듣는 것보다는 수고롭겠지만, 당신도 그 일을 할 수 있다! 또 내가 지금 당신에게 하고 있는 말을 당신도 증명해낼 수 있다. 그 말은 바로 구약이 없으면 신약을 제대로 이해하지 못한다는 것이다.

'속전을 지불하다'라는 뜻의 히브리어 동사 '파다'가 언급된 일부 인용구절들

- **레위기 27장 27절** 파다와 '정한 값'의 관계에 주목해서 보라(참조. 민 18:15-16)
- **시편 49편 7-8절** 속량하는 값(속전)을 주목해서 보라.
- **출애굽기 13장 13절** '대속하다'라는 동사는 여호와께서 자기 백성들에게 행하신 구속의 역사를 묘사할 때 널리 사용된다(예. 신 21:8; 시 25:22; 71:23; 사 35:10 등).

또 하나의 단어: 카파르

동사 '카파르'(*Kaphar*)는 오늘날 유대인들의 절기 가운데 하나인 '욤 키푸르'(yom kippur) 즉 속죄일의 발음과 아주 비슷하게 들릴 수도 있다. 그렇다면 카파르의 뜻이 무엇인가? 일반적으로 사회에서 사용할 때는 '덮는다'는 뜻으로 쓰인다. 창세기 6장 14절에 보면 여호와께서 노아에게 방주 안팎을 역청으로 칠하라, 즉 덮으라고 말씀하셨다. 목조 부분이 보이지 않도록 가려라, 그것을 덮으라고 하셨다.

그런데 그 어휘가 구약에서 속죄를 설명할 때 사용되고 있다. 우리의 죄를 덮으라, 그래서 우리의 죄가 눈에 보이지 않으면 곧 잊힐 것이라고 말씀하신다. 그러나 이것을 단순히 카펫 밑에 죄를 감추는 일 정도로 생각해서는 안 된다. 만약 죄를 카펫 밑에 감춘다면 눈에는 보이지 않겠지만 마음에서 잊히지는 않을 것이다. 여전히 죄가 카펫 밑에 있기 때문이다. 따라서 죄를 덮는다는 말은 이렇게 생각해야 한다.

어떤 아내가 남편에게 "여보, 슈퍼마켓에 가서 물건 좀 사다 줄래요?"라고 말할 경우, 현명하고 경험 많은 남편이라면 "물론이지, 여보." 하고 대답할 것이다. 이런 일이야말로 행복한 결혼생활을 위한 가장 기본적인 일이니까! 그리고 남편은 언제나 결정적인 말을 덧붙인다. “당신이 생각하는 것은 뭐든지 말해요, 여보. 내게 목록이랑 필요한 비용을 주면 슈퍼마켓에 다녀올게요.”

그런 뒤 남편은 씩씩하게 슈퍼마켓으로 달려가서 카트에 물건을 담는다. 그러나 물건을 가득 실은 카트를 밀며 슈퍼마켓 안을 여기저기 돌아다녀도, 그 속에 있는 물건은 아직 남편의 소유가 아니다. 여전히 물건은 슈퍼마켓 주인의 소유물이자 그에게는 빚인 셈이다. 계산대에서 계산원이 빚의 총액을 합산하고, 거기에 해당하는 돈을 지불하고 난 뒤에야 비로소 그 빚이 덮어진다. 이 말은 카펫으로 덮어서 감추었다는 뜻이 아니다. 그런 경우 “더 이상 그 죄에 대해 말하지 맙시다.” 정도의 말밖에 되지 않는다. 빚이 덮어졌다는 말의 진정한 의미는 완전히 제거하고 끝냈다는 뜻이다. 한마디로 죽은 듯이 끝났다는 말이다. 그래야 그 죄가 다시 머리를 쳐들고 고소하는 일이 절대로 벌어지지 않는다. 완전히 사라졌다! 전액 지불되었다! 전부 덮어졌다!

이제 구약이 당신을 위해 신약을 조명해주고 있음을 새삼 느끼겠는가? 여기서 당신 곁에 다가오시는 ‘고엘’을 만나게 된다. 바로 주 예수님이다. “자네에게 문제가 있군. 내게 맡기게. 이제 그것은 내 문제일세.” 다음으로 ‘파다’, 지불한 대가가 있다. “좋아, 내가 그

대가를 지불하지." 마지막으로 '카파르', "내가 지불한 대가가 자네의 빚을 완전히 덮어줄 걸세. 그러면 그 빚이 머리를 쳐들거나 또다시 언급되는 일은 절대 없을 거야." 마침내 완전히 사라졌다!

구약은 신약을 설명한다. 구약이 없으면 신약을 제대로 이해할 수 없다.

'카파르'를 언급한 추가적인 인용구절

단순 능동형으로 사용된 '카파르'는 창세기 6장 14절에 단 한 번 등장한다. 강조 능동형(키페르, *kipper*)으로는 약 90회 등장하며, 거의 언제나 '속죄하다'라는 의미로 쓰이지만, 이 경우 '빚을 지불하다'에서처럼 죄를 '덮는다'는 원래의 의미를 그대로 유지한다(레 4:20, 26, 31, 35). 출애굽기 21장 30절을 주목해보라. 거기에는 카파르에서 파생된 명사인 코페르(*kopher*)가 금전적인 '속죄금'을 가리킨다. 마찬가지로 출애굽기 30장 12절에서도 그 단어가 '속전'으로 번역되며, 액수는 다음 구절에서 구체적으로 제시된다. 우리의 심금을 울리는 아름다운 용어인 '시은소'(속죄소, mercy seat. 예를 들면 출 25:17-22)는 사실상 '덮개'(히, 카포레트, *kapporeth*)를 의미한다. 이 단어를 NIV 성경에서는 'atonement cover'(속죄 덮개)로 번역하는데, 그 이유는 속죄일에 죄를 '덮는 대가'로 지불되는 피를 그 덮개 위에 뿌렸기 때문이다.

A Christian's Pocket Guide to Loving the Old Testament

6 하나님을 아는 것

우리는 구약이 주 예수님을 위해 무엇을 어떻게 준비했는지 살펴보았고, 이어서 신약에 나오는 가장 위대한 진리인 구속에 대해 기본적인 설명을 제공한다는 사실도 보았다. 이제 모든 작업 중 어쩌면 가장 심오한 작업이라 할 수 있는 내용을 알아보려고 한다. 그것은 바로 '구약이 하나님을 어떻게 계시하고 있는가?'라는 주제다. 신약은 여기에 대한 구약의 계시를 취하여 토대로 삼았을 뿐이다. 그런 의미에서 구약이 없으면 하나님에 대한 우리의 지식은 불완전할 수밖에 없다.

창조주 하나님

신약은 전능하신 주 하나님이 창조주 하나님이라는 사실을 전혀 숨기지 않는다. 그러나 하나님을 창조주로 부르는 것이 무슨 의미가 있는지 알기 위해서는 반드시 구약으로 되돌아가야 한다. 실제로 창조주 하나님에 관한 완전한 진리를 발견하고자 할 때 구약을 통해 그 진리를 따라가지 않는다면, 창조주 하나님에 대한 우리의 이해는 지극히 제한적일 수밖에 없다.

우리는 '창조주' 하면 자동적으로 태초에 큰일을 벌이신 분을 생각한다. 물론 하나님은 무엇보다도 큰일을 계획하고 실행에 옮기셨다. 바로 천지창조다. 그러나 그것은 전부가 아니라 4분의 1밖에 안 된다! '창조하다'라는 동사를 성구사전에서 찾아 구약 전체에서 추적해보라.

첫째로, 창조주 하나님은 모든 것을 시작하시는 하나님, 즉 모든 기원의 하나님이다. 구약 전반에 걸쳐서 '창조하다'라는 동사는 오로지 하나님께만 사용되었다. 그 동사가 문법적인 주어 뒤에 사용되거나 언급 또는 암시되는 경우, 언제나 주어는 하나님이다. 같은 어원을 가진 동족 언어들의 경우와 달리, '창조하다'라는 동사는 예술적인 창조활동을 표현하는 데 전혀 사용되고 있지 않다. 오로지 하나님의 창조 사역에서 하나님의 활동을 가리키는 데만 사용된다. 창세기 1장은 모든 것의 기원으로 가득 차 있다. 1절에서 '창조하다'라는 동사는 하늘과 땅을 만드신 완전한 사역을 묘사하는 데 사용되었고, 2장 3절에서는 동일한 전체적인 창조 사역을 회상하는 데 사용되고 있다. 무엇보다 중요한 의미를 갖는 것은, 살아 있는 생명을 창조한 내용을 담고 있는 1장 21절에 사용된 사례다. 그리고 인간을 하나님의 형상으로 창조하면서 모든 피조물 가운데 가장 탁월한 존재로 언급하는 대목에서, 이 동사가 세 번이나 사용되었다(26-27절).

둘째로, 창조주 하나님은 모든 존재를 주관하신다. 단 1초만이라도 창조활동을 멈추시면 더 이상 거기에는 아무것도 존재하지 못할 것이다. 심지어 '거기'라는 공간적인 개념조차도 존재할 수 없다! 이사야 42장 5절은 네 개의 분사를 사용하여 구약의 사고방식을 예로 보여준다. 히브리어에서 분사는 지속적이고 불변하는 상태를 의미한다. 따라서 그 구절을 문자 그대로 직역하면 다음과 같다. "(초월해 계시는) 하나님 여호와께서 이렇게 말씀하셨다. 그분은 하늘을 창조하여 펴시는 분이요, 땅과 그 소산을 내시는 분이요, 땅 위에 사는 백성에게 호흡을 주시는 분이요, 땅 위에 걸어 다니는 사람들에게 생명을 주시는 분이다." 이 한 구절 속에 주관자인 창조주의 전체적인 개념이 다 담겨 있다. 항상, 쉼 없이, 매 순간 그분은 창조하고 펴며 내고 주신다. 주 예수님은 이 구절에 주목하면서 말씀하셨다. "내 아버지께서 이제까지 일하시니 나도 일한다"(요 5:17).

셋째로, 창조주 하나님은 모든 작동을 조절하신다. 하나님의 통제 밖에 있는 것은 아무것도 없다. 이것과 관련하여 가장 충격적인 구절을 꼽으라면 아마도 이사야 54장 16-17절을 들 수 있을 것이다. 16절에 따르면 창조주는 특별한 기술을 가진 기술자나 장인을 창조하셨다. 또 문제를 일으킬 수 있는 연장을 사용하는 구체적인 방법을 창조하기도 하셨다. 17절에서는 그런 연장의 사용이 전적으로 창조주의 통제 아래 있음을 보장하신다. 확실히 여기서 우리는 엄청난 신비를 접하게 된다. 이런 신비는 우리가 이해하거나 설명할 수 있는 능력의 범위를 넘어선다. 이사야 54장 16-17절을 다시 한 번 읽어보라. 단, 현대적인 전쟁 무기를 염두에 두고 읽어보라. 모든 것을 전부 통제하시는 하나님께서 왜 전쟁을 허용하시는지, 그리고 인간의 기술로 개발된 흉악한 무기와 그런 무기를 사용하는 데 있어 어떻게 그리 악하고 잔인할 수 있는지 등으로 인해 우리는 당황하게 된다. 그러나 이사야가 전쟁이 사악한 잔학 행위를 동반할 뿐 아니라 아무런 제한을 받지도 않는다는 사실을 잘 알고 있었다는 사실을 우리는 기억할 필요가 있다. 이사야가 살던 시대에는 아시리아 제국이 건재하지 않았는가! 그럼에도 이사야는 54장 16-17절을 과감하게 기록했다. 물론 우리는 이사야가 왜 그렇게 말하고 기록했는지 정확히 설명할 수는 없다. 그러나 그렇게 한 것에 대해 기뻐할 수 있다. 심지어 가장 무시무시한 상황에서도, 이 세상은 여전히 창조주의 손과 통제 아래 백 퍼센트 사로잡혀 있다.

넷째로, 창조주 하나님은 자신이 정해 놓으신 목적지로 모든 것을 인도해가신다. 이와 관련하여 이사야 65장 17-18절에 세 번이나 등장하는 '창조하다'라는 동사의 용례를 주목해보라. 그 동사는 모두 분사 형태로 사용되었다. 이것은 하나님의 지속적인 사역을 암시하며, 그 결과는 하나님의 새로운 창조를 통한 새로움으로 나타날 것이다. "보아라, 내가 새 하늘과 새 땅을 창조할(창조하고 있을) 것이니, 이전 것들은 기억되거나 마음에 떠오르거나 하지 않을 것이다. 그러니 너희는 내가 창조하는(창조하고 있는) 것을 길이길이 기뻐하고 즐거워하여라. 보아라, 내가 예루살렘을 기쁨이 가득 찬 도성으로 … 그 주민을 행복을 누리는 백성으로 창조하겠다(창조하고 있다)"(사 65:17-18, 새번역). '창조하다'라는 동사는 하나님의 절대적인 사역을 가리킨다. 분사 형태를 띰으로써 그 사역이 하나님의 영원한 관심과 결정의 대상으로서, 하나님의 마음속에서 끊임없이 계속되고 있음을 선포한다. 그리고 창세기 1장 27절과 마찬가지로 '창조하다'라는 동사를 세 번 반복함으로써 탁월한 창조 사역임을 암시한다. 무엇보다 그 창조 사역의 새로움은 이전의 기억을 모두 지워버릴 만큼 완전히 새로운 것이며, 주민들에게 완벽한 기쁨과 만족을 주는 사역이 될 것임을 예고한다.

하나님의 세계

창조주 하면 뭔가를 만들기 시작하는 분 정도로 생각하기 쉬운데, 지금까지 살펴본 창조주의 모습이야말로 생각보다 훨씬 더 완벽할 뿐 아니라 더 큰 만족을 주시는 분이 아닌가! 물론 신약도 창조주 하나님의 네 가지 위대한 모습을 당연하게 여기고 있다. 그러나 구약이야말로 우리가 이해하기 쉽도록 그 모습을 간단명료하게 설명해줌과 동시에 구약만의 독특한 가르침으로 진지하게 보여주지 않는가!

예를 들면, 바로 이런 목적을 위해 시편은 여호와께서 하늘과 땅의 창조주임을 우리에게 거듭 상기시키고 있다. 시편 104편은 창세기 1장의 랩소디라고 해도 과언이 아닐 정도다. 그런가 하면 시편 33편 6-9절은 하늘과 땅을 하나님의 창조 사역의 결과물로 선언하면서(참조. 시 148:5), 마지막에 창조주의 거룩하심에 대한 암시로 끝을 맺고 있다(시 33:21; 참조. 시 104:35). 이런 장면은 창조에 관한 시편 글에서 전형적으로 볼 수 있다.

또 시편 121편 1절은 시인이 순례자로 등장하면서 하나님의 성으로 가는 길에 반드시 통과해야만 하는, 강도가 출몰하는 위험한 산악 지역을 염두에 두고 시를 노래하는 것 같다. 아니, 어쩌면 그 시인은 예루살렘의 주민으로서 적들이 다가올 수 있는 주변의 산을 자세히 둘러보고 있는지도 모른다. 우리는 그가 직면한 문제가 정확하게 무엇인지 들을 수 없기 때문에, 다만 주어진 정황 속에서 우리가 느끼는 불안이나 두려움으로 시의 빈 공간을 채울 수밖에 없다. 그러나 위험이 엄습할지도 모르는 미래를 눈앞에 두고 그가 무엇을 하는지 주목해보라. 그는 "천지를 지으신 여호와"께로 눈을 돌리고 있다.

하나님은 친히 만드신 창조 세계 속에 있는 모든 것을 시작하고 주관하고 통제하고 인도하신다. 얼마나 큰 위로가 되는가! 우리에게 닥쳐오는 모든 위협은 하나님의 세계 속에 존재하며, 하나님의 뜻에 따라 생겨나기도 하고, 하나님의 주권 아래 통제되며, 하나님의 목적을 성취하기 위한 방향으로 진행된다. 그러므로 우리는 안전하다!

역사는 그분의 이야기

거시적인 안목에서 보면 창조주는 세계 역사의 모든 과정을 조절하고 인도하신다. 그분은 역사의 하나님이시다. 한마디로 역사(History)는 그분의 이야기(His Story)다. 그분의 손을 벗어나서 벌어지는 일은 아무것도 없다. 다들 그렇게 말한다. 하나님의 주권을 최대한, 아니 그 이상 찬양하는 것을 결코 두려워하지 말라. 그분의 주권이야말로 우리가 편안하게 머리를 기댈 수 있는 베개와 같다. 우리가 이 세상에서 안전할 수 있는 유일한 이유가 있다면, 바로 이 세상이 그분의 세상이기 때문이다. 성경은 하나님이 창조하신 것을 창조주로서 주관하고 계신다는 사실을 보증한다.

이 주제를 다룬 핵심 본문이 이사야 10장 5-15절이다. 당시 세계 최강대국이었던 아시리아는 가능한 한 세계 모든 나라를 자신의 제국 아래 두려고 힘을 쏟았다. 아시리아 사람들이 활과 화살, 전차와 말 같은 강한 군사력을 가졌다고 해서 걱정할 필요는 없다. 그것은 누구나 가지고 있던 것들이었다. 아시리아 사람들은 다만 다른 나라보다 좀더 많이 가지고 있었을 뿐이고, 거기에 투지와 잔

인함과 악랄함이 다른 나라보다 좀더 심했을 뿐이다.

이사야는 아시리아의 위협을 곰곰이 묵상하는 가운데, 두 개의 '입장'이 균형을 이루고 있음을 보게 되었다. 한쪽에는 불경건한 유다를 심판하기 위한 하나님의 도덕적인 동기가(6절), 다른 쪽에는 아시리아 제국의 정복에 대한 야욕이 자리 잡고 있었다(7-11절). 이런 아시리아의 야욕은 그 시대에 심판받을 운명에 처해 있었다(11-14절). 정복에 대한 아시리아의 결정은 스스로 내린 실제적인 결정이며, 따라서 실제적인 책임 역시 자기 자신에게 있었다. 그렇지 않다면 거룩한 하나님께서 왜 심판을 예고하셨겠는가? 그러나 하나님은 주권적인 능력을 소유한 분이시다. 그렇기 때문에 이사야는 전혀 망설임 없이 하나님을 나무꾼("찍는 자")으로, 아시리아를 도끼로 묘사하는가 하면, 하나님을 목수("켜는 자")로, 아시리아를 톱으로 묘사했다(15절). 결국 도끼와 톱은 모두 주인인 주권자 하나님의 손에 들리는 단순한 도구에 불과할 뿐이다. 여호와는 하나님이시기 때문에 진짜 '칼자루'는 그분의 손에 들려 있다. 이것은 틀림없는 사실이다. 그러나 아시리아의 동기와 선택 그리고 결정 역시 실제로 존재했다.

모든 역사가 그와 같다는 사실을 구약성경은 우리에게 가르쳐 주려 한다. 하나님의 주권도 실제로 존재한다. 하나님은 창조주 하나님으로서 시작하고 유지하고 조절하고 인도하신다. 동시에 인간의 책임 있는 선택도 실제로 존재한다. 결정하고 계획하고 실행하고, 그래서 도덕적인 책임과 자기 행동에 대한 책임을 진다. 과연 우리가 이 두 가지 '입장'을 조화시킬 수 있을까? 한마디로 대답하면, 할 수 없다. 이 양자의 내적인 관계와 외적인 활동을 구상하는 것은 우리가 감당할 수 없는 부분이다. 그래서 이사야가 한 일이라고는 말과 기수의 비유처럼 비유를 들어 암시해주는 것뿐이다(사 37:29).

경마경기에서 장애물 뛰어넘기를 할 때 "말이 장애물을 완벽하게 통과했습니다."라는 해설자의 말이나 혹은 "기수가 장애물을 완벽하게 통과했습니다."라는 해설자의 말에는 아무런 차이가 없다고 여긴다. 기수 없이 말 혼자서 완벽하게 장애물을 통과하거나, 반대로 말 없이 기수 혼자서 장애물을 완벽하게 통과하는 일은 절대로 일어날 수 없기 때문이다! 두 '입장'이 공존 공생한다. 말이 힘을 내서 달린다면, 기수는 방향을 인도한다. 우리가 할 수 있는 말은 그것이 전부다. 역사에서도 인간의 선택이 실제로 존재하고, 의사결정에는 책임이 뒤따른다. 한편 하나님의 결정과 방향 지시가 전체를 장악하고 있다.

세계 속에 있는 하나님의 도덕적인 정부

이번 장에서 이미 많은 이야기를 했지만, 한 가지 사실만 꼭 덧붙이고 싶다. 구약은 모든 역사를 견고하게 뒷받침하는 도덕적인 질서를 확립하는 데 필요한 훌륭한 토대를 제공한다. 우리가 하나님의 방법을 전부 추적하는 것은 불가능하지만, 그분의 방법은 언제나 올바르고 공정하며 정의롭다.

여호와께서는 홍수로 세상을 심판하시기 전이나 불로 소돔을 심판하시기 전에, 칭찬할 만한 가치가 있는 일이 있는지 알아보기 위해 먼저 도덕적인 감사를 진행하셨다(창 6:5-7; 18:20-21). 하나님께서 가나안에 거주하던 사람들을 제거하겠다는 명령을 내리신 것을 보며, 우리는 두려워하지 않을 수 없다(신 7:1-5; 20:16-18; 수 6:17, 21 등). 그러나 이런 명령조차도 정당한, 그리고 정당화될 수 있는 도덕적 징벌행위로 묘사된다.

우리는 창세기 15장 16절에서 아브람의 자손에게 가나안 땅을 선물로 주겠다는 약속이 무려 4세대 동안이나 미뤄지리라는 말씀을 보게 되는데, 그 이유는 다름 아니라 "아모리 족속의 죄악이 아직 가득 차지 아니함" 때문이었다. 당장 그 사람들을 몰아내는 것은 옳지 않은 일이었다. 오히려 거룩의 눈으로 모든 것을 꿰뚫어 보시는 그분은, 그 백성의 도덕적인 공과를 따졌을 때 재산권 박탈과 죽음에 이를 정도로 타락하려면 적어도 400년 정도의 시간이 걸릴 것을 예상하셨다. 그리고 그 정도의 시간이 흘렀을 때 여호수아와 그의 군대가 가나안의 문을 두드리게 될 것이다.

우리는 어쩌면 성경에 '가나안 족속에 대한 학살' 내용이 없었으면 하고 바랄지도 모른다. 그러나 그것은 올바른 문제제기가 아니다. 오히려 이렇게 물어야 한다. '우리는 하나님의 도덕적인 법령에 따라 통치되는 세계를 원하는가, 아니면 아무리 부당한 일을 해도 전혀 책임을 묻지 않는 세계를 원하는가?' 우리가 살고 있는 세계가 후자라는 사실을 확실하게 증명해주는 책이 바로 구약이다. 그렇지만 동시에 여호와 하나님이 무슨 일을 하시든 모든 면에서 그분을 신뢰하라고 우리에게 요청하는 책도 역시 구약이다.

이제 기도하는 자세를 취하고 시편 119편 17-24절을 읽어보라.

주의 종을 후대하여 살게 하소서 그리하시면 주의 말씀을 지키리이다 내 눈을 열어서 주의 율법에서 놀라운 것을 보게 하소서 나는 땅에서 나그네가 되었사오니 주의 계명들을 내게 숨기지 마소서 주의 규례들을 항상 사모함으로 내 마음이 상하나이다 교만하여 저주를 받으며 주의 계명들에서 떠나는 자들을 주께서 꾸짖으셨나이다 내가 주의 교훈들을 지켰사오니 비방과 멸시를 내게서 떠나게 하소서 고관들도 앉아서 나를 비방하였사오나 주의 종은 주의 율례들을 작은 소리로 읊조렸나이다 주의 증거들은 나의 즐거움이요 나의 충고자니이다

당신은 구약이 일직선처럼 뻗어간다는 생각이 드는가? 구약은 창세기의 천지창조부터 시작해 곧이어 아브라함으로 이어지고, 다시 출애굽과 모세를 지나 약속의 땅으로 들어가는 하나님 백성의 이야기와 사사시대로 일단락된다. 이때 마지막 사사였던 사무엘이 무대에 등장한다. 그런데 백성들은 왕이 필요하다고 생각하면서 왕을 요구하기로 결정한다. 초대 왕 사울이 실패한 왕으로 끝나자, 하나님은 자신의 마음에 합한 왕을 택하셨는데 그가 바로 다윗이다(삼상 13:14; 행 13:22).

우리가 어떻게 역사의 일직선을 추적하고 있는지 감이 오는가? 그 일직선을 계속 따라가보라.

그러면 선지자들을 지나고 왕들을 지나게 된다. 남쪽의 유다 왕국에서는 다윗 혈통의 왕들이 나오고, 북쪽 이스라엘 왕국에서는 왕위를 노리는 경쟁자들이 계속 등장하면서 주기적으로 군주가 바뀐다. 이제 구약을 지나서 계속 앞으로 나아가보라. 역사의 일직선이 어디서 끝나는가?

여러 가지 면으로 볼 때 구약은 까치발을 들고 보게 만드는 책이다. 그 내용이 미래로 멀리 뻗어 있기 때문이다.

하나님은 아브라함에게 세계의 상속자가 되게 해주겠다는 약속(창 12:1-3; 22:15-17; 참조. 26:4)과 더불어 그 세계가 잃어버렸던 축복을 되찾게 해주겠다고 약속하셨다. 아브라함은 약속이 성취되기를 기대하면서 기다렸지만, 구약시대에는 그 약속이 성취되지 않았다. 모세의 경우에도 "나와 같은 선지자"(신 18:14-18)에 대해 언급하였지만, 신명기 34장 10절의 기록에 따르면 그 후에 모세와 같은 선지자가 일어나지 못하였다고 한다. 그런가 하면 다윗에게는 영원히 모든 창조세계를 다스리는 왕이 되게 해주겠다는 약속이 주어졌다(시 89:19-29). 그러나 구약은 그 왕의 도래를 여전히 기다리는 모습으로 끝난다.

그렇다면 그 모든 일은 어디로 향하고 있는가? 역사의 일직선의 끝은 어디인가?

구약에서 시작된 역사의 일직선은 신약으로 곧장 이어진다. 혹시 그 사실을 알고 있는가? 다른 어느 곳도 아닌 신약으로 곧장 이어지고 있다.

말라기와 마태복음

구약의 선지자 가운데 마지막 주자인 말라기는 예수님이 오시기 400년 전 혹은 그 즈음에 활동했다. 그리고 우리가 지금 가지고 있는 성경에서 말라기서 바로 다음에 나오는 책이 마태복음이다. 말라기는 주님이 메시아로 강림하시는 것을 준비하는 역할을 맡은, 소위 주의 길을 예비하는 자에 대해 예언했다(말 3:1; 4:5). 뒤이어 마태는 주의 길을 예비하는 자가 바로 세례 요한이었다고 말한다. 따라서 말라기와 마태는 직접적으로 연결되며, 일체의 변형 없이 구약부터 신약으로 곧장 뻗어가는 역사의 일직선을 보여준다.

말라기와 마태복음 사이의 400년이라는 시간 동안 하나의 분파가 형성되었고, 예수님 시대에 이르러 그 분파는 바리새파 유대교가 되었다. 주 예수님은 바리새파 사람들이 자신을 불쾌하게 여긴다는 경고를 들으시고, 이에 대한 응답으로 그들을 가리켜 하늘 아버지께서 심은 적이 없는 나무라고 맞받아치셨다(마 15:12-13). 그 말을 문맥에 맞게 쉬운 말로 표현한다면, 바리새파 유대교를 가리켜 구약의 이단이라고 묘사할 수 있을 것이다.

즉 말라기와 마태복음 사이에, 다른 말로 구약과 신약이라 부르는 두 시대 사이에 형성된 일종의 분파인 셈이다. 따라서 바리새파는 성경 역사의 일직선과 평행선을 이루면서 계속 이어졌다.

그래서 어떻게 되었는가

말라기에서 마태복음으로 곧장 이어지는 '일직선'이 함축하는 의미는, 한마디로 구약이라 부르는 성경이 우리에게 주어졌다는 뜻이다. 이제 구약은 우리의 책이다. 구약은 곧장 신약으로 이어지며, 이것은 곧 주 예수님과 그분에게 속한 사람들에게로 이어진다는 뜻이기도 하다. 따라서 우리의 성경은 처음부터 끝까지 한 덩어리로 합쳐진 한 권의 책이다. 민감한 사항이라 말하기 좀 그렇지만, 이제 더 이상 구약은 유대인들의 소유가 아니다. 구약은 우리의 책이며, 구약에서 벌어진 모든 일은 당신과 나, 바로 우리 선조들의 역사다. 우리가 예수님께 속해 있기 때문이다.

성공회 모리스 우드 주교(Bishop Maurice Wood)는 설교 예화의 대가였다. 그의 전기에 제목을 붙인다면 "모든 상황에 맞는 이야기"가 어울릴 것 같다. 그는 영국인으로 귀화한 어느 프랑스인의 이야기를 우스갯소리로 자주 들려주곤 했다. 영국인이 된 프랑스인은 "이제 영국 시민이 되었고 더 이상 프랑스 시민이 아닌데, 도대체 어떤 차이를 느끼십니까?"라는 질문을 자주 받았다. 그럴 때마다 그는 대답했다. "아, 예. 제 귀화로 세계에 엄청난 변화가 일어났습니다. 보시다시피 이제 나는 워털루 전투에서 승리한 편에 서게 됐습니다!"

다시 말하지만, 구약은 우리의 책이다. 이제 다시는 "그들이 이집트에서 구원받았습니다."라는 식으로 말해서는 안 된다. 출애굽의 구원은 내 조상의 역사이자 바로 당신 조상의 역사인 셈이다. 우리가 구약과 신약이라고 부르는 책은 하나로 된 하나님의 거대한 이야기다. 그 속에는 오랫동안 이어져온 구원의 목적을 하나님이 완성하고, 과거에 맺었던 약속을 지키며, 과거에 영감을 통해 주신 예언을 성취하고, 자신의 이름과 영광을 위해 한 민족을 선택하사 보존하신 이야기가 고스란히 담겨 있다.

몇 가지 중요한 구절들

구약에 대한 이러한 관점과 역사의 일직선을 보여주는 시각적인 이미지를 고려하여 다음과 같은 구절을 생각해보라.

갈라디아서 3장 29절 "너희가 그리스도의 것이면 곧 아브라함의 자손이요 약속대로 유업을 이을 자니라"

주 예수 그리스도를 신뢰하는 우리는 아브라함을 우리의 조상이라고 부를 수 있다. '자손'이라는 단어가 중요한 이유는 그 단어가 아브라함의 언약에 대한 핵심어이기 때문이다. 자손은 조상이 받기로 약속된 모든 것을 유산으로 물려받는 선택받은 사람들이다. 로마서 9장 6-7절의 주장에 따르면, 단지 아브라함의 육적인 자손이라는 사실은 결코 중요한 요소가 되지 못한다. 이삭은 약속의 자녀였으며, 그리스도 안에 있는 모든 사람은 그러한 특권을 공유한다(갈 4:28, 31-5:1).

구약 전체에 걸쳐서 두드러지게 나타나는 특징을 명쾌하게 보여주는 본문이 있다면 바로 이사야 8장 11-18절이다. 신앙을 고백하는 사람들 안에 하나님의 소유인 진정한 공동체가 존재한다. 그들은 구별된 존재들이며(11절), 자신들의 하나님이신 여호와의 거룩하심을 경건하게 의식하고(13절), 그분이 자신들의 안전을 책임지신다고 믿는다("성소", 14절). 그들은 "증거의 말씀"과 "율법"을 보존하며(16절), 하나님 안에서 소망을 품고 기다리면서 "이 말씀에 맞게" 말한다(20절). 한마디로 그들은 진정한 믿음의 공동체이며 하나님의 말씀을 지키고 보존한다는 점에서, 오늘날 예수님을 믿는 사람들의 참된 조상이라고 말할 수 있다.

갈라디아서 6장 16절 "무릇 이 규례를 행하는 자에게와 하나님의 이스라엘에게 평강과 긍휼이 있을지어다"

이 구절은 우리를 가리켜 "하나님의 이스라엘"이라고 묘사한다. 이 말에는 이스라엘이 하나님을 닮기를 바라는 마음이 담겨 있다. 역사가들의 말에 따르면, 별명을 만들어 붙이기를 좋아했던 안디옥 사람들은 예수님을 믿는 사람들을 가리켜 최초로 '그리스도인'이라는 별명을 붙였다(행 11:26). 대단히 바람직한 호칭임에 틀림없다. 그러나 그것이 결코 유일한 호칭이 되어서는 안 된다. 예수님에게 속해 있는 우리는 적절하고 참된 호칭인 "이스라엘", 즉 "하나님의 이스라엘"이라는 호칭도 계속 고수해야 한다.

빌립보서 3장 3절 "하나님의 성령으로 봉사하며 그리스도 예수로 자랑하고 육체를 신뢰하지 아니하는 우리가 곧 할례파라"

여기서 말하는 할례파란, 거짓된 할례파와 대조되는 참된 할례파를 뜻하거나 할례받지 않은 사람과 대조되는 실제로 할례받은 사람을 가리키는 말이 아니다. 바로 하나님께로부터 언약의 약속을 받았다는 징표를 가진 사람들만을 가리킨다. 구약에서 할례는 은혜를 보여주는 가시적인 징표였다. 이제 그것이 우리의 소유가 되었다. 우리는 징표를 가진 사람들이다.

골로새서 2장 11-12절 “또 그 안에서 너희가 손으로 하지 아니한 할례를 받았으니 … 그리스도의 할례니라 너희가 세례로 그리스도와 함께 장사되고…”

할례가 구약에서 은혜의 징표였던 것과 마찬가지로, 세례는 신약에서 은혜의 징표다. 즉 하나님의 소유가 된 사람들에게 하나님이 주시는 징표다. 언약이 일종의 징표라면, 할례와 세례는 하나님의 약속에 대해 말해줌과 동시에 정당한 권한을 부여받은 후보자들에게 그 약속이 수여되고 있음을 상징적으로 보여준다. 그러나 이런 약속은 어디까지나 약속이기 때문에 하나님의 주권적인 결정과 개인의 신앙적인 실천에 의해 영적인 실체로 바뀐다. 우리는 언약의 ‘징표’를 받아서 그 언약의 품 안에 있다. 따라서 징표로서 언약은 그리스도 안에 있는 하나님의 구원의 은혜를 풍성하게 이야기해줄 뿐 아니라 하나님 말씀의 핵심을 담고 있기 때문에, 그 말씀이 결코 빈말이 아니라는 사실을 독특하게 보여준다.

구약에 등장하는 사람들

이 사실이 얼마나 놀랍고 중요한지 모른다! 구약은 마치 다른 사람이 소유했다가 우리가 중고로 산 책 같아서 우리에게는 맞지 않기 때문에, 거기에 어울리도록 적응하는 노력이 필요한 그런 책이 아니다. 그것은 어디까지나 우리의 책이다. 우리는 조상들의 형상으로 유월절 그 자리에 있었다. 그 양은 우리를 위해 죽임을 당했다. 우리는 양의 피가 칠해진 집에서 안전하게 거하고 있었다. 그리고 마침내 이집트에서 탈출하게 되었다. 우리는 하나님의 언약을 이어받은 상속자들이다. 구약은 나와 상관없는 먼 나라의 이야기가 아니다. 다른 사람이 소유한 책도 아니다. 그것은 바로 우리의 소유다. 우리는 예수님께 속해 있기 때문에 우리가 바로 하나님의 이스라엘이다.

8
위대한 묶음:
하나의 책, 하나의 언약

결코 나눌 수 없는 성경

이 말이 유치한 장난처럼 들릴 수도 있다는 사실을 안다. 그러나 이 말에 심각한 의미가 담겨 있다고 장담한다. 실제로 당신이 가진 성경책을 둘로 나누고 싶지는 않을 테니, 마음속으로만 그렇게 해보라. 성경책을 보면 말라기의 마지막 장과 마태복음의 첫 장 사이에 한 면이 있다. 그리고 거기에는 항상 인쇄되어 있는 것이 있다. '신약성경'이라는 제목인데, 종종 옛날에 출간된 성경책을 보면 '우리 구주 예수 그리스도의 신약성경'이라는 완전한 형태로 적혀 있기도 하다.

내가 하고 싶은 '장난'은 이것이다. 당신이라면 그 제목이 적힌 면을 뜯어서 어디에 다시 꽂고 싶은가? 말라기와 마태복음 사이는 안 된다! 한번 생각해보라. 말라기는 주의 길을 예비하는 자가 오실 것을 예고하고(말 3:1; 4:5), 곧이어 마태복음은 그분이 이미 오셨다고 선포한다(마 3:1). 솔직히 말하면, 이 두 책을 따로 떼어놓기 위해 한 면을 삽입한 것은 실수가 아닌가! 그렇다면 이렇게 구분하는 면을 어디에 삽입할 수 있을까?

어디에 삽입하든, 예고와 성취라는 하나의 사실에 근거할 때 그것은 잘못이라고 말할 수밖에 없다. 그래서 내가 깨달은 사실이 있다. 다름 아니라, 이 구분하는 면은 종이 낭비이자 인쇄 낭비라는 사실이다. 그 면은 절대 갈라놓을 수 없는 것을 갈라놓고, 절대 나눌 수 없는 것을 나누고 있다. 성경책은 한 권이다.

언약과 언약들

성경책을 하나로 묶어주는 위대한 묶음들이 있다. 예언과 성취가 그중 하나인데, 여기에 대해서는 나중에 자세히 살펴보고 지금은 성경의 중심 주제에서 출발하고자 한다. 그 주제는 바로 하나님과 그분의 백성 사이에 맺은 언약이다.

노아

'언약'이라는 말이 성경에 처음으로 등장한 곳은 창세기 6장 18절로, 노아에게 처음 주어졌다. "너와는 내가 내 언약을 세우리니"라는 말씀을 문자 그대로 번역하면 '내가 내 언약을 시행할 것이다/작동시킬 것이다'라는 뜻이다. 따라서 그 언약은 하나님과 노아 사이에 존재했던 기존의 이해관계에 바탕을 두고 있다.

문맥에 비추어 이 말의 의미를 살펴보면, 임박한 하나님의 홍수 심판을 배경으로 하나님이 노아를 안전하게 지켜주시겠다는 약속을 시행하겠다는 뜻임에 틀림없다. 하나님의 언약은 그분의 공의의 심판에서 노아를 구원해주겠다는 약속이다. 하나님의 심판은 그분이 조사하신 증거를 심사숙고한 결과에서 나온 반응으로 보인다. 그 증거란 창세기 6장 5-7절에 나와 있는 대로 모두(여기서 '사람'이라는 단어가 반복되고 있음에 주목하라) 죄를 범하였으므로 모두 죽어야 마땅하다는 것이다.

그러나 노아의 경우 새로운 요인이 작용한다. "노아는 여호와께 은혜를 입었더라"(창 6:8). 이 표현이 사용된 곳마다(예. 창 47:25; 룻

2:10) '은혜를 입은' 사람의 상태가 그야말로 열등하고, 애걸복걸하며, 심지어 쓸모없는 상태에 있음을 암시한다. 그리고 노아의 경우 5-7절의 정황을 놓고 볼 때 "노아는 … 은혜를 입었더라"는 말은, 정확하게 '은혜가 노아를 발견했다'고 번역해야 옳다. 다른 인간들처럼 노아도 죄악에 연루되어 있고(5절), 하나님의 한탄의 대상이며(6절), 하나님의 심판 명령의 대상에 속한다(7절). 그런데 '은혜'가 끼어들었다. 그러므로 하나님의 언약이란, 본질상 심판 아래 놓여 있는 사람들에게 구원의 약속과 더불어 은혜를 베풀어주시는 것을 의미한다.

아브라함

로마서 4장 15절에서 바울은 하나의 원칙을 제시한다. "율법이 없는 곳에는 범법도 없느니라"는 원칙이다. 이것은 창세기의 족장 시대 내내 적용된 원리다. 더 나아가 모세를 통해 주어진 율법과 곧바로 연결되는 원리이기도 하다(출 20장). 결과적으로 아브라함과 맺은 하나님의 언약에서, 죄는 주된 관심사가 아니다.

제일 먼저 하나님은 아브라함에게 자기 자신을 위대한 언약의 창조자로 소개하신다(창 15장). 거기서 동물들의 중간을 쪼개고 그 쪼갠 것을 마주 놓은 사이에 길을 낸 사건은 우리의 호기심을 사로

잡기에 충분하다(9-10절). 예레미야 34장 18절은 이것이 언약을 맺는 의식이라고 설명한다. 그 의식이 '만약 내가 내 언약을 깨뜨리면 나와 내 동물들에게 그런 일이 벌어질 것'이라는 말을 가시적으로 보여주는 방법임을 과연 그들은 이해하고 있었을까?

어쨌거나 창세기 15장 17절에서 여호와 하나님은 자신의 임재를 암시하기 위해 연기와 불이라는 상징을 사용하신다(참조. 출 13:21; 19:18). 그리고 오직 하나님만이 갈라진 조각들 사이를 지나가신다. 맹세를 서약하는 분도 오직 하나님이며, 언약을 약속으로 만들고 그 일을 끝까지 지켜보기로 작정하신 분도 오직 하나님이다. 이 모든 것은 언약을 깨뜨릴 경우 그에 대한 처벌도 자신이 감당하겠다는 의미를 담고 있다.

그렇다면 희생제사를 통해 봉인된 그 언약의 약속은 무엇인가?(창 15:18). 거기에 대해서는 창세기 17장 1-8절에 자세히 설명되어 있다. 먼저 개인과 집안이 변화되리라는 약속이 주어지고(4-5절), 그 가문에서 왕들이 배출되겠다는 약속(6절)에 이어, 아브라함과 그의 자손들(문자적으로는 '씨')에게 하나님이 되겠다는 영적인 약속과 더불어, 땅을 소유하게 해주겠다는 약속이 주어진다(8절).

모세

여호와께서는 언약의 당사자가 될 경우 거기에 걸맞은 생활방식에 따라 살아야 한다는 점을 아브라함에게 간략하게 언급하셨다(창 17:1). 그러나 구체적인 행동지침은 여전히 밝히지 않으셨다. 하나님이 의도하신 계획에 따르면, 세부적인 법은 시내산에서 모세에게 주실 작정이었기 때문이다(출 19-24장). 우리는 이집트에서 시내산으로, 거기서 다시 가나안으로 이어지는 역사적인 전체 이동경로를 거대한 시각자료를 통해 살펴볼 수 있다. 출애굽기 6장 7절에 따르면, 하나님의 목적과 약속은 "너희를 내 백성으로 삼고 나는 너희의 하나님"이 되는 것이었다. 그리고 단순히 이집트에서 해방시키는 차원을 넘어 더 깊이 그들의 삶에 개입하셨다. 언약의 관계가 확립되었던 것이다(창 17:7-8; 신 4:20).

그러므로 하나님은 그들을 이집트에서 해방시키셨을 뿐 아니라 그들을 '구속'하셨다. 이것이 바로 유월절에 벌어진 일이다(출 12장). 여호와께서는 이집트 사람들에게 아홉 가지 재앙을 보내사 그들로 하여금 순종할 수밖에 없도록 유도하셨다. 그런데 그들이 순종하는 데 실패하자 새로운 상황에 직면하게 되었다. 두려운 열 번째 재앙이 닥쳐왔는데, 그것은 차원이 달랐다. 이전에는 여호와께서 재앙을 보내셨지만, 이번에는 "내가 애굽 가운데로 들어가리니"

(출 11:4)라고 말씀하셨다. 그리고 이어서 "내가 그 밤에 애굽 땅에 두루 다니며 … 내가 심판하리라"(출 12:12)고 말씀하셨다. 여호와께서 친히 심판하러 오실 경우, 이스라엘과 바로의 관계는 더는 문제가 되지 않는다. 다만 문제 되는 것이 있다면 그들이 하나님의 심판 날에 어떻게 견딜 것인가 하는 것뿐이다.

'은혜'라는 말이 구체적으로 언급되지는 않지만, 유월절 밤에 이스라엘을 안전하게 지켜주는 보호막 역할을 한 양의 피를 제시해 주셨다는 사실은 두말할 나위 없이 하나님의 은혜였다(출 12:7, 13, 22-23). 유월절 전에 이스라엘 백성은 이집트를 떠나고 싶어도 떠날 수 없었다. 유월절 후에 그들은 이집트에 더 머물러 있고 싶어도 머물 수 없었다. 여호와의 구원받은 백성이자 순례자로서 그들은 약속의 땅을 향해 출발했다. 거대한 구름기둥과 불기둥의 인도를 받아 그들은 길을 잃지 않을 수 있었고(출 13:21-22), 가나안 땅이 아닌 시내산으로 인도되었다.

당신은 이 '시각자료'를 제대로 해석하고 있는가? 먼저는 이집트고, 다음은 시내산이었다. 유월절이 먼저고, 다음은 율법의 수여였다. 하나님의 은혜의 역사가 먼저고, 거기에 대한 응답으로서 순종의 삶이 그 다음이다. 구속 및 구원이 먼저고, 하나님이 정하신 거룩한 삶을 따라 하나님과 동행하는 것이 그 다음이다.

구약의 경우 모세를 통해 주신 하나님의 계시에서, 율법은 우리가 하나님의 은총을 얻기 위해 올라가려고 노력해야 하는 공로의 사닥다리가 아니다. 이것은 신약의 경우 하나님의 언약에서도 마찬가지다. 율법은 어디까지나 하나님이 바라시는 거룩한 삶의 모범으로 우리에게 주어졌다. 구원을 통해 우리는 이미 하나님의 은총을 받았기 때문이다. 율법은 순종의 행위를 통해 구원을 얻는 방편으로 주어지지 않았다. 오히려 은혜로 구원받은 사람들에게 하나님이 제공해주시는 순종의 모범일 뿐이다.

다윗

사람들이 왕을 요구했을 때 그것은 하나님을 믿는 순수한 신앙의 길에서 떠나겠다는 말과 다름없었다(삼상 8:7). 그 전까지 나라에 위기가 찾아왔을 때, 하나님은 그들을 구원하기 위해 '사사'를 세우셨다(예. 삿 3:15). 그러나 시간이 흐르며 그것이 하나님께 지나친 부담을 드리는 것처럼 비쳐지면서, 영원한 군주 국가를 세우는 것이 논리적인 해법인 듯 여겨졌다.

여기서 다시 한 번 놀라운 하나님의 은혜를 접하게 된다. 여호와께서는 그들의 절실한 필요에 동의하셨을 뿐 아니라 그들이 자신에게 준 상처를 못 본 척 넘어가셨다. 더욱 놀라운 사실은 하나님께서 이런 군주제를 장차 올 메시아의 축복에 대한 모델로 삼으셨다는 것이다! 우리가 보았던 다윗은 시공간 속에서 영원히 지속될 왕국을 약속받았다(시편 89편 19-29절에서 이것이 시적으로 표현되어 있다). 그리고 메시아에 관한 주제가 선지자들을 통해 더욱 세련된 모습으로 묘사되었다. 장차 올 "다윗" 같은 메시아(겔 34:24) 혹은 다윗 가문의 "나무"에서 자라난 "가지"(렘 23:5-6)로 묘사되었는가 하면, 장차 오실 거룩한 메시아(사 9:6), "여호와의 팔"(사 53:1)로 표현되었다. 특히 여호와의 팔이라는 말은 그분이 행동을 취하기 위해 친히 소매를 걷어붙이신 모습을 연상하게 만든다(사 52:10). 또 시편 89편 3절을 통해서 우리는 다윗과 맺은 '언약'에 대해 생각하게 되고, 이사야는 이 언약에 대해 언급하면서 위대한 복음 초청에 응답하는 모든 사람에게 언약을 확대 적용하고 있다(사 55:1). 이 언약이야말로 "다윗에게 허락한 확실한 은혜"를 힘입어 우리에게 주어진 "영원한 언약"이다(사 55:3).

예레미야

이사야(54:10)와 에스겔(37:26-27)은 모두 "화평의 언약"이라는 용어를 통해 메시아가 오실 미래를 예고한다. 이사야는 여호와의 종이 평화를 이루기 위해 죽으심으로 이러한 평화가 도래한다고 보았다(사 53:5). 에스겔은 미래의 평화가 여호와께서 그의 백성 가운데 거하시는 '처소'를 중심으로 이루어질 것을 내다보았다(참조. 출 29:44-46). 그러나 예레미야는 "새 언약"이라는 표현을 사용한 실제적인 인물이었다(렘 31:31-34). 그가 새 언약을 예견했는데, 그 언약의 새로움은 무엇으로 이루어져 있는가? 삶에 대한 하나님의 가르침과 지시를 의미하는 '하나님의 법'은 그대로 남아 있지만, 그 법은 이제 돌판에 새겨져 있지 않고 마음에 새겨져 있다. 이 말은 하나님이 계획하신 새 언약이 중생의 사역을 포함한다는 사실을 극적으로 표현한다. 즉 하나님의 법/가르침이 요구하는 조건을 만족시킬 수 있는 새로운 본성을 우리에게 주신다는 뜻이며, 마음이 순종에 걸맞도록 디자인된다는 말이다. 또 이사야 53장에는 설명되어 있지만 예레미야는 설명하지 않은 사실이 있다. 우리의 죄와 악행을 철저히 처리하심으로 말미암아 그것이 하나님의 기억에서 완전히 지워졌다는 사실이다. 다시 말해, 최종적으로 하나님의 언약은 충만하고 완전하고 완성된 구원 사역에 기초한다. 물론 이런 구원 사역은 예수님이 말씀하신 "내 피로 세우는 새 언약"(눅 22:20; 참조. 히 10:12-18)이라는 말 속에 잘 요약되어 있다.

9
위대한 묶음: 한 분이신 하나님

우리는 창조주 하나님에 관한 구약의 가르침을 근거로 구약과 신약이 하나가 되는 길을 살펴보았을 뿐 아니라, 구약의 계시를 신약이 어떻게 받아들이고 있는지 보았다.

축적된 계시

성경 전체를 가리켜 종종 '점진적인 계시'로 묘사한다. 풀어서 말하자면, 전체적인 진리를 최초로 언급했던 시기나 그것을 처음으로 언급했던 초창기에 그 진리가 완전히 계시되지 않고, 오히려 시간이 흐르면서 점진적으로 밝혀진다는 뜻이다. 히브리서 1장 1절에서 의미하는 내용이 바로 여기에 해당한다. 그에 따르면 하나님이 "선지자들을 통하여 여러 부분과 여러 모양으로" 말씀하셨다고 한다. 모든 진리를 다 알았던 선지자는 한 명도 없었으며, 진리가 '점진적으로' 계시되었다는 뜻이다.

그런데 내가 개인적으로 선호하는 표현은 '점진적'이라는 말보다 '축적된' 계시라는 용어다. '점진적'이라는 말은 '원시적인' 이해에서 '성숙한' 이해로 발전하는 것을 가리키는 말로 볼 수도 있을 것 같다. 그러면서 '원시적인' 이해는 사라지게 된다. 그러나 이것은 성경에서 실제로 일어나고 있는 현상이 아니다. 따라서 '축적된' 이라는 표현이 더 바람직해 보인다. 진리가 한 단계 한 단계 쌓이면서 단 하나의 진리도 사라지지 않는다. 최초로 언급된 진리는 원시적인 진리가 아니라 부분적인 진리이고, 아직 모습을 드러내지 않은 완전한 진리의 일부분인 셈이다.

"우리 하나님 여호와는 오직 유일한 여호와이시니"(신 6:4)

어쨌든 이것이 바로 성경 전체의 과정 속에서 일어나는 현상이며, 구약에서 "유일한 여호와"로 계시된 하나님이 신약에 이르러 성삼위일체 하나님으로 계시되고 있다.

모세가 우리 조상 이스라엘 백성들에게 "우리 하나님 여호와는 오직 유일한 여호와이시니"라고 고백하도록 지시했을 때, 그는 '유일한'이라는 뜻으로 사용되는 두 개의 히브리어 단어 가운데 어느 것을 사용할지 결정해야 했다.

창세기 22장 2절에 "네 아들 네 사랑하는 독자 이삭"(참조. 삿 11:34; 렘 6:26)이라는 구절이 나오는데, 여기서 '독자'라는 표현에 사용된 히브리어 단어가 '야히드'(*yahid*)다. 아브라함은 이삭 외에도 다른 아들이 있었다. 그러나 이삭은 언약의 아들이라는 점에서 특별한 아들이었고, 오로지 이삭을 통해서만 언약의 혈통을 계승할 수 있었다. 그런 의미에서 이삭은 '유일한' 아들이었다.

그러나 모세는 하나님에 관해 언급할 때 그 단어를 선택하지 않고, 오히려 또 다른 단어인 '에하드'(*'ehad*)를 선택했는데, 이 단어는 전혀 다른 차원의 의미로 사용될 가능성이 있다. 에하드는 주로 숫자 하나를 의미하지만(예. 창 19:9; 44:28; 시 106:11), 전혀 다른 실체들이 '하나'로 연합되는 경우에도 사용된다. 그렇게 사용된 사례를 보면, 창세기 2장 24절에 "남자가 부모를 떠나 그의 아내와 합하여 둘이 한 몸을 이룰지로다"라는 말씀과 창세기 34장 16절에 전혀 다른 두 개의 나라가 "한 민족"이 되리라는 말씀을 들 수 있다. 무엇보다 가장 훌륭한 예는 출애굽기 26장 6절로, 성막을 구성하는 다양한 요소들을 모두 합하여 "한 성막을 이룰지며"라고 말한다(참조. 출 26:11; 36:13, 18; 겔 37:17).

만군의 여호와

이런 사실을 배경으로 우리가 이해해야 할 하나님에 관한 위대한 칭호가 하나 있다. 이 칭호는 옛날 영어성경 번역본에 자주 등장했지만, NIV 성경에서는 사라졌다가 ESV 성경에서 되살아났다. 바로 '만군의 여호와'(the LORD of hosts)란 칭호다. 여기서 일종의 소유격 관계로 사용된 '만군의'라는 표현이 무엇을 의미하는지 질문이 제기될 수 있다. 그것이 단지 '소유'를 표현하는가? 만약 그렇다면 여호와께서는 이런 만군들을 어떤 의미에서 소유하시는가? 그리고 만군은 도대체 무엇인가?

'만군의 하나님 여호와'라는 완전한 표현은 성경에서 수없이 등장한다. 일반적으로 '하나님'은 소유격 관계에서 수식을 받는 일종의 '핵심 개념'으로 등장하며, 따라서 '만군의 하나님'이라고 번역할 수 있다.

그러나 일부 사례의 경우 '하나님'과 '만군'이 소위 동격관계를 이루는 명사로 등장하는데, 이 경우에는 '만군이신 하나님 여호와'라고 번역해야 한다. 다시 말해, 여호와의 신적인 '하나이심'(oneness) 자체가 '만군'으로 이루어져 있다는 뜻이다. 그것은 진정한 연합으로 뭉쳐진 '복합적인 하나 됨'을 의미한다. 이런 사례는 수백 번 등장하는 '만군의 여호와'라는 표현과 비교할 때 대단히 적지만, 그럼에도 소유격 형태를 띤 '만군의'라는 표현을 이해하는 데 필수적인 실마리를 제공한다. 이때 만군은 여호와를 설명하는 역할을 하는 소유격인 셈이다.

"만군이신 하나님 여호와"를 언급한 사례들

물론 히브리어에서는 이런 표현이 분명하게 드러나지만 영어 및 한글 번역에서는 그렇지 못하다. 시 59:5; 80:4, 7, 14, 19 등.

이런 사실을 통해 우리는 '만군의 여호와'라는 이름과 호칭을 선지자들이 거의 집중적으로 사용한 이유를 잘 이해하게 된다. 그들은 '만군'을 이스라엘 군대를 가리키는 말로 생각하든 말든 거기에 아무런 관심이 없었다. 또 반대로 이스라엘 군대를 만군으로 생각하든 말든 거기에 대해서도 역시 아무런 관심이 없었다. 다만 하나님의 본성을 진정으로 높여드리는 것만이 그들에게 더할 나위 없는 즐거움이었다.

여호와의 사자

우리는 구약 전반에서 천사들을 만날 수 있다(예. 창 19:1, 15; 32:1; 시 103:20; 슥 1:9, 13). 그런데 천사 같은 존재의 일반적인 출현과 더불어 매우 특별한 인물이 등장하는데, 바로 '여호와의 사자'(the Angel of the LORD)다.

사자(the Angel)는 본래 독립적인 존재(예. 창 16:7-12)일 뿐 아니라 여호와께서 자신을 계시하는 존재로 인식되기도 한다(예. 창 16:13). 그분은 자기 자신의 권리에 따라 말씀하시되(창 22:15-18), 여호와의 약속을 반복해서 말씀하신다. 그분은 "천사"(사자, 출 3:2)

이자 "하나님"(여호와, 출 3:4)이며, "조상의 하나님"(출 3:6)이다. 이런 식으로 사자에 대해 이해하는 것을 다른 수많은 사례가 확실하게 뒷받침한다. 따라서 구약의 저자들은 그분을 '여호와의 대역' 혹은 '여호와의 또 다른 자아'로 언급한다. 한마디로 '차이가 없는 구별'이라 부를 수 있다.

그 사자는 여호와의 반응/목적/명령 등을 계시하기 위해 오시거나(창 16:7-16), 여호와의 약속을 재확인하기 위해 오시거나(창 22:15-16), 중재하기 위해 오셨다(슥 1:11-12).

하나님의 거룩하심을 통해서만 느낄 수 있는 두려움을 사람들에게 주고(삿 13:6, 21-22), 신적인 이름을 위임받아(출 23:20-21) 그분의 오심이 곧 하나님이 오신 것과 같은 의미를 갖는다(말 3:1)는 점에서, '그 사자'는 하나님(여호와)이다. 그러나 그분은 또 인간의 상황에 대한 조정 역할을 하시기도 한다(출 33:2-3). 그 역할은 자신의 완전한 신적 본성을 '약화'시키지 않으면서도 자비를 베푸시는 행동이라고 볼 수 있다. 심지어 손에 검을 들고 등장하실 때조차도 그분의 근본적인 목적은 자비였다(민 22:31-33).

여호와의 사자를 목격한 어떤 사람들은 그분을 인간으로 생각했다(예. 삿 13:6 이하). 흔히 교회에서 전통적으로 생각하는 천사의 장신구들, 이를테면 날개 같은 것을 전혀 갖고 있지 않았기 때문이다.

이것을 창세기 1장 27절에 나오는 인간 창조와 연결시켜 생각할 수 있다. 하나님은 자신의 형상대로 '인간'을 창조하셨다. 따라서 이렇게 설명할 수 있을 것 같다. 하나님의 본질적인 속성은 영이며 눈에 보이지 않지만, 외모를 갖추고 눈에 보이는 모습으로 등장하길 원하실 때는 그분의 본성과 유일하게 어울리는 형태를 취하신다. 바로 그런 형태에 맞춰 하나님은 '인간'을 창조하셨다. 따라서 여호와의 사자가 인간의 형태를 취하심으로 하나님이 눈에 보이도록 나타나실 때는 그분을 알아볼 수 있다.

'여호와의 사자'를 언급한 구약의 대표적인 구절들

창 16:7-14; 21:17-19; 22:11-18; 31:11-13; 32:24-30(참조. 호 12:4); 48:15-16; 출 3:2-6; 14:19-22(참조. 13:21; 14:24); 23:20-22; 32:34(참조. 33:2); 민 22:22-35; 삿 2:1-5; 6:11-22; 13:2-23; 삼하 24:16-17; 왕상 19:7; 왕하 19:35; 대상 21:12-30; 사 37:36; 63:8-9; 단 3:28; 6:22; 슥 1:11; 3:1-6; 12:8.

그러므로 '여호와의 사자'가 이런 식으로 계시되는 모습은 과거로 거슬러 올라가 창조 사건에서 찾아볼 수 있을 뿐 아니라 미래로 나아가 예수님에게서도 찾아볼 수 있다. 여호와 하나님과 구별되면서 동시에 그분과 일치하는 이를 성경 어디에서 찾을 수 있는가? 하나님의 신적인 본질과 거룩하심이 약화되거나 상실되는 일 없이 죄인의 무리와 잘 어울릴 수 있는 이가 또 누가 있는가? 하나님의 진노를 확실하게 보여주실 뿐 아니라 동시에 하나님의 자비를 최고로 펼쳐 보일 수 있는 이가 또 누가 있는가? 예수님 외에 누가 있겠는가? 여호와의 사자야말로 삼위일체 하나님의 제2격이신 예수님에 대한 구약의 중요한 '미리보기'라고 해도 과언이 아니다.

하나님의 영

구약에서 하나님의 영을 언급할 때 가장 자주 사용되는 동사는 '~이시다'(하야, to be)라는 동사다. 일반적으로 영어로 번역할 때는 '임하셨다'(came upon)라는 동사로 표현하지만(민 24:2; 삿 3:10; 11:29; 삼상 19:20, 23; 대하 15:1; 20:14), '~에 살아 있는 실체가 되셨다'(became a living reality to)라는 뜻으로 이해하는 것이 더 나을 듯

싶다. 이것은 성령이 활동하시는 실체임을 보여주며, 영감 된 말씀이나 능력 있는 행동, 황홀경 속에 이루어지는 '예언' 혹은 하나님께로부터 갑작스럽게 주어지는 말씀 등을 통해 이런 모습이 분명하게 드러난다.

두 번째로 자주 사용되는 동사는 '찰라흐'(*tsalach*)인데, 정확한 의미가 무엇인지는 충분히 밝혀져 있지 않다. '뚫고 들어오다' '돌진하다' '강하다' 등이 모두 그 의미로 사용된다. NKJV 성경은 사사기 14장 6절과 19절, 15장 14절 등에서 '강력하게 임하셨다'(came mightily upon)로 번역한 반면, 사무엘상 10장 6절, 11장 6절, 16장 13절에서는 단지 '임하셨다' '감동되었다'(came upon)로 번역하고 있다. 모든 인용구절을 종합해볼 때 이 동사가 갖는 뜻은, 성령께서 강력한 행동이나 압도적인 황홀경의 체험을 통해 저항할 수 없는 힘을 가지고 임재하셨음을 의미한다.

이 호칭과 관련해서 단 세 번 사용된 동사가 '~을 입다'(라바쉬)라는 동사다. 이런 의미로 사용된 사사기 6장 34절을 직역하면 '여호와의 영이 기드온에게 옷처럼 입혀졌다'라고 해석할 수 있다(참조. 대상 12:18; 대하 24:20).

이 외에 다른 동사들은 하나님의 영의 활동을 묘사하면서 대부분 한 번 정도 사용된다. 민수기 11장 25-26절('임하셨다', rested),

11장 29절('주셨다', put, 문자적으로는 gave), 사사기 13장 25절('움직이기 시작하셨다', began to move, 문자적으로는 impelled), 사무엘하 23장 2절('말씀하셨다', spoke), 느헤미야 9장 20절('가르치시다', instruct), 잠언 1장 23절('부어주다', pour out, 히브리어 '나바'), 이사야 32장 15절('부어주셨다', pour out, 히브리어 '아라'), 44장 3절('부어주다', pour out, 히브리어 '야차크'), 에스겔 11장 5절('임하다', fell upon), 39장 29절('쏟았다', pour out, 히브리어 '솨파크'; 욜 2:28, 29에도 사용됨) 등.

하나님의 영의 본질과 사역에 대한 구약의 다른 계시를 살펴보면 다음과 같은 내용을 포함하고 있다.

1. 창조활동에 참여하신 영(창 1:2; 시 33:6; 104:30). 모든 백성에게 생명을 주시는 분[사 42:5; 참조. 욥 27:3, NKJV 성경에서는 '호흡을 주신다'(breath)는 표현을 사용함]. 생명의 종결자(사 40:7).
2. 하나님의 영과 하나님의 무소부재하심(시 139:7). 시편 139편 7절에서 "영"과 "앞"(문자적인 뜻은 '얼굴')이 대구를 이루고 있다는 사실에 주목하라. 사람의 얼굴은 임재 여부를 알려주는 대단히 개인적인 표시다. 마찬가지로 하나님의 영은 모든 곳에 하나님이 임재하고 계심을 보여주는 유일한 개인적 표시인 셈이다.

하나님의 영의 출현과 관련된 또 다른 문제를 여기서 다루고자 한다. 에스겔이 처음 본 환상에 등장하는 '네 생물'은 피조물 전체를 대표한다(겔 1:10). "사람"의 얼굴은 창조의 면류관을 상징하고, "사자"는 야생 짐승들 가운데 최고의 짐승을, "소"는 가축들 가운데 최고의 가축을, "독수리"는 하늘을 나는 피조물 중 최고의 피조물을 각각 상징한다. 그들의 지속적인 움직임(겔 1:12-14)은 지구상에 있는 생명체의 끊임없는 변화를 묘사한다. 이렇게 격변하는 역사의 소용돌이 위에 하나님이 주권자로서 보좌에 앉아 계신다(겔 1:26-27). 하나님의 주권적인 통치가 말씀을 통해 표현되고 있다(겔 1:25). 그러나 하나님의 주권적인 통치의 대리자는 그분의 영이시다(겔 1:20-21).

이 본문을 창세기 1장 1-3절과 비교해볼 수 있다. 거기에서는 하나님과 하나님의 말씀 그리고 하나님의 영을 차례로 만난다. 창세기 6장 3절의 경우에도 비록 그 구절이 모호하게 번역되어 있긴 하지만, 그럼에도 하나님은 자신의 영을 통해 당시 세상의 도덕적 상황에 대해 반대 입장을 표하고 계신다. 이것은 느헤미야 9장 20절의 "선한 영"과 "주의 성령"(시 51:11) 그리고 근심하시는 "성령"(사 63:10)에 대한 선례라고 볼 수 있다.

구약을 전체적으로 살펴보면, 여러 사람이 특정한 시대에 특별한 사명을 위해 성령의 부으심을 받았다. 브살렐(출 31:2-3), 옷니엘(삿 3:10), 기드온(삿 6:34), 입다(삿 11:29), 삼손(삿 13:25), 사울(삼상 11:6) 등. 이것은 사도행전에서 단편적으로 발생하는 성령의 '충만'과 맥을 같이한다(예. 행 1:4; 4:8; 4:31). 다윗은 성령을 지속적으로 체험하는 삶을 누렸으며(삼상 16:13), 이것은 성령의 "머무심"을 암시한다(민 11:16-17, 24-26, 29). 구약은 장차 도래할 시대(메시아 시대)에 전무후무할 정도의 규모로 성령 부으심의 역사가 일어날 것을 내다본다(사 32:15; 44:3; 59:21; 겔 39:29; 욜 2:28-29).

하나님의 영에 대한 구약의 계시를 이렇게 단편적으로 산만하게 다루는 것에 대해 사과한다. 무엇보다 관련된 구절의 분량이 방대하고, 또 그런 방대한 자료를 작은 지면에 일목요연하게 정리하기는 불가능해 보인다. 그래서 부득이하게도 독자들이 관련 구절을 자세히 살펴보기를 부탁드리는 바다.

장담컨대 당신은 그 구절을 통해 성령님과 얼굴과 얼굴을 마주할 것이다. 그분은 하나님이 전 세계에 임재해 계심을 보여주는 영이며, 하나님과 마찬가지로 유일하고 신성한 분이지만, 동시에 독특한 기능을 감당하시는 독특한 존재다. 그리고 무엇보다 비인격적인 세력이 아니라 하나의 인격(Person)이다.

말씀과 지혜

하나님의 말씀은 직접 말씀하실 때 효과적이고 창조적인 말씀이 되며(창 1:3, 9 등), 직접 파송할 때 다소 독립적인 성격을 띤 '메신저'가 되신다(시 147:15; 사 55:10-11). 잠언 8장에서 지혜는 대단히 인격적인 모습으로 분명하게 묘사된다. 여기에는 창조주 하나님과 나란히 사역하는 독특하고 신성한 인격체로 우리가 이 지혜를 이해하기 바라는 의도가 확실히 담겨 있다.

이것을 의도했든 하지 않았든 간에, 말씀과 지혜는 여호와의 사자와 하나님의 영과 더불어 분명히 '만군'에 대해 뭔가를 간결하게 설명해준다고 여겨지며, 이러한 만군은 유일하신 여호와의 하나 되심(oneness)을 채워준다.

신분을 숨기신 성삼위 하나님

많은 사람이 추측하기를, 구약에 계시된 하나님은 '성부 하나님'이며 성자 하나님과 성령 하나님은 신약에서 모습을 드러내기 위해 기다리고 계신다고 생각한다. 그래서 신약에 이르러 비로소 성삼위 하나님의 계시가 완성될 것이라고 생각한다. 이것은 성경에 대한 심각한 오해다.

요한복음 12장 38절이 예수님을 이사야 53장 1절을 성취하신 분으로 보고 있다는 사실 자체가 구약을 성부 하나님만 활동하시는 무대로 생각하는 것에 대해 우리에게 경고하고 있다! 절대 그렇지 않다. 구약의 하나님은 '만군의 여호와'이며, 풍부한 다양성을 하나로 연합하시는 하나님이다. 다만 그런 다양성이 아직 뚜렷하게 드러나지 않고 명확하게 정의되지 않았을 뿐이다.

그런데 신약에 들어서자마자 마치 렌즈의 초점이 뚜렷하게 맞춰지듯 우리 눈에 모든 것이 보인다. 그때 성부 하나님의 음성이 자기 아들을 부르시고, 예수님은 그분의 아들로서의 정체가 밝혀진다. 또 그때 성령이 비둘기 모양으로 강림하사 예수님 위에 머물고 그분과 함께 거하신다. 그리고 이렇게 비교할 수 없을 만큼 아름답고 간단한 방식으로 '만군'이 정확한 최종 초점을 향해 나아오며, 감추었던 '신분'이 드러나고, 마침내 성삼위 하나님께서 모습을 드러내신다.

A Christian's Pocket Guide to Loving the Old Testament

10
위대한 묶음: 구원으로 가는 한 길

시편 51편 1-3절은 이 새로운 장을 시작하는 출발점으로서 안성맞춤인 좋은 본문이다.

> 하나님이여 주의 인자를 따라 내게 은혜를 베푸시며 주의 많은 긍휼을 따라 내 죄악을 지워주소서 나의 죄악을 말갛게 씻으시며 나의 죄를 깨끗이 제하소서 무릇 나는 내 죄과를 아오니 내 죄가 항상 내 앞에 있나이다

이 시편의 제목을 보면 그것이 구약의 핵심에 견고히 자리 잡고

있다고 여겨지지만, 내용을 보면 신약과 매우 잘 어울리며 우리가 다루고자 하는 주제를 완벽하게 묘사한다.

위대한 단어 아홉 개

1-3절에는 두드러지는 아홉 개의 단어가 등장하는데, 그 단어를 세 개씩 세 그룹으로 묶을 수 있다.

1. 죄가 무엇인지 보여주는 단어 세 개: 죄, 죄악, 죄과

'죄'(sin)는 명확한 범죄행위(생각, 말, 행동 등)를 가리키는 단어다. "그 일에 대해 죄송합니다." 하고 말할 때 우리가 마음속에 생각하는 것, 그것이 바로 죄다. '죄악'(iniquity)은 '구부러지다'라는 의미를 가진 동사에서 파생한 단어로, 인간의 본성 속에 있는 내적인 결함이나 삐뚤어짐을 가리키며, 이것이 모든 죄의 원천이다. '죄과'(transgression)는 지배자에게 반기를 드는 부하의 경우처럼 '반역'이라는 심각한 단어를 의미한다(예. 왕하 3:7).

2. 하나님이 누구신지 묘사하는 단어 세 개: 자비, 인자, 긍휼

'자비'(mercy)는 문자 그대로 하면 '은혜', 즉 공로나 가치를 따지지 않는 하나님의 친절을 의미한다. 노아의 경우(창 6:8), 심판 날에 여호와께서 대피시켜주는 자비를 베푸셨다. '인자'(loving kindness)와 '긍휼'(tender mercy)은 각각 '변함없는 사랑'과 '연민'을 뜻한다. 이것은 의지적 결단에 의해 표현된 사랑(결혼식에서 "저는 이렇게 이렇게 하겠습니다." 하는 식으로 표현하는 사랑, 헌신적인 사랑)과 심장 박동을 빠르게 뛰도록 만드는 사랑(로맨틱한 사랑, 열정적인 사랑, '사랑에 빠지는' 식의 사랑)을 각각 뜻한다.

3. 하나님께 얻는 것을 묘사하는 단어 세 개: 지워주심, 말갛게 씻어주심, 깨끗이 제하여주심

'지워주심'(blot out)이라는 말 속에는 죄가 '오점'과 같다는 뜻이 담겨 있어서, 하나님이 그것을 보실 수 있을 뿐 아니라 지워버리실 수도 있다. '말갛게 씻어주심'(wash thoroughly)은 세탁업자가 사용하는 동사로, 세제를 사용하여 섬유의 찌든 때를 곧바로 제거하는 것을 연상시킨다(참조. 히 9:14). '깨끗이 제하여주심'(cleanse)은 주로 레위기에서 사용되는데(예. 레 13:6), 이 경우에 죄는 거룩하신 하나님과 죄인을 갈라놓는 더러움으로 여겨진다.

유월절

죄, 하나님 그리고 구원을 이런 식으로 이해하는 것은 신약에서나 찾아볼 수 있는 내용이고, 특히 우리가 예수님을 경험할 때 접할 수 있는 내용임은 아주 분명한 사실이다. 시편 51편 7절은 우리를 또 다른 방향으로 인도한다. "우슬초로 나를 정결하게 하소서(더 문자적으로 해석하면, '죄와 분리시켜주소서')"라는 표현은 과거로 거슬러 올라가, 출애굽기 12장 7절과 22절의 내용과 연결된다. "우슬초"는 피를 뿌리는 데 사용한 도구로, 하나님의 심판이 실행되던 밤에 이스라엘이 거기에 피를 적셔 뿌린 뒤 보호받았다. 다윗의 경우에는 시편 51편에 언급된 다윗의 죄(밧세바와 간음하고 우리아를 죽이도록 사주한 죄, 사무엘하 12장)와 관련해 제사법의 조항과는 아무런 상관없는 우슬초를 언급했다. 이것으로 보아 다윗은 하나님이 피에 대해 알고 계셨으며, 따라서 그런 경우 그 피가 죄인인 자신에게 적용되어 도움을 줄 수 있을 것이라는 사실을 어느 정도 인식하고 있었음을 암시한다.

유월절 밤 양의 피 효과가 구원의 핵심요소였다(출 12:12-13, 22-23). 그런데 새로운 상황이 전개되었다. 이집트에 대한 하나님의 심판이 유예되는 기간 동안, 하나님은 아홉 가지 재앙을 보내셨다. 그러나 유예기간이 끝났다. 이집트의 지속적인 불순종 때문에 하나님의 인내기간이 끝나버렸다. 효과가 입증될(출 11:1) 열 번째 재앙은 여호와께서 친히 이집트로 오셔서 심판을 행하셨다(출 11:4-7; 12:12).

이런 갑작스러운 사태의 변화로 과연 어떤 상황에 직면하게 될까? 이스라엘 백성이 바로와 어떻게 맞서느냐는 더는 중요한 문제가 아니다. 지금 중요한 것은, 여호와께서 친히 심판하러 오실 때 피할 수 있는 안전한 곳이 있느냐 하는 것이다. 거룩하신 하나님 앞에서 어떻게 서 있을 수 있다는 말인가!

안전을 보장하는 피

양의 피가 이루어 놓은 일이 무엇인가? 그리고 심판의 시간에 그 피가 왜 그토록 특별한 효과를 발휘했는가? 네 가지 핵심적인 개념을 중심으로 이에 대한 답을 자세히 살펴보고자 한다.

안전(혹은 안보) 여호와께서 심판 때에 이집트에 오셨다. 그런데 양의 피가 표시된 집으로 대피한 이스라엘 사람들은 안전했다. 안전함과 안전하지 않음의 차이를 초래한 것은 다름 아닌 양의 피였다(출 12:13, 22-23). 그들을 구원한 것은 하나님의 편애가 아니었다. 양에 관해 여호와께서 말씀하셨던 내용을 그들이 믿음으로 받아들여서 그 피를 뿌렸다는 사실이 그들을 구원했다. 한마디로, 하나님의 약속에 대한 믿음으로 말미암은 구원이었다.

유화(혹은 달램) 여호와께서 심판하러 이집트에 들어가셨지만(출 12:12), 양의 피가 뿌려진 집은 평화롭게 넘어가셨다. 이것이 바로 성경에서 말하는 '유화'(분노를 달래줌, 화를 완화시켜줌)의 의미다. 거룩하신 하나님은 뿌려진 피 아래로 대피한 사람들을 만족해하신다. 그들에게 일체의 소송거리를 찾지 않으신다. 그리고 평화롭게 넘어가신다.

동등(혹은 대속) 유월절 양의 선택은 신중하게 말한 설명서에 따라 실행되었다(출 12:3-5). 즉, "사람 수를 따라서" 그리고 "각 사람이 먹을 수 있는 분량에 따라서" 양을 잡아야 했다(출 12:4). 사람 수와 먹을 분량에 맞춰 상응한 양을 선택했다. 이것은 어디까지나 추정한 양이었고, 유월절 밤이 지난 후 혹시라도 남은 양의 고기가 있다면 그것은 불에 태웠다(출 12:10). 뿌려진 피 아래 도피했던 사람들과 정확하게 동등한 분량만큼 양을 선택해야 했다. 그러나 이런 관계는 단순히 수적인 차원을 넘어 훨씬 더 친밀한 것이었다. 30절에 "그 나라에 죽임을 당하지 아니한 집이 하나도 없었음이었더라"는 말은 진실이었다. 단, 피가 표시된 집에도 죽은 시체가 있었지만 그것은 집안의 장자가 아니라 양이었다! 그렇다면 그 양이 장자의 목숨만 구했다는 뜻인가? 출애굽기 4장 22절로 다시 돌아가보라. "여호와의 말씀에 이스라엘은 내 아들 내 장자라"고 말씀하셨다. 여호와께서는 이스라엘 백성 전체를 구원해야 할 장자로 보셨다. 그들과 양은 정확하게 상응했고, 그들을 대신해 양이 죽었다. 출애굽기 12장 5절에서는 "너희 어린 양은 흠 없고(문자적으로 '완벽하고') 일 년 된 수컷"이어야 한다는 간단한 조건만 언급하지만, 레위기 전체에서(레 1:4 등) 그리고 그 이후로는 이런 조건이 더욱 중요하게 부각되었음이 틀림없다. 오직 흠 없는 양만 다른 사람의 죄를 대신 짊어질 수 있다.

구원 유월절 밤에 단지 구원의 가능성이 열린 정도가 아니라, 실제로 구원이 성취되었다. 유월절 전에는 그들이 이집트를 떠날 수 없었다. 그러나 유월절 이후로 그들은 더는 이집트에 머물러 있을 수 없었다(출 11:1). 유월절 전 그들은 노예로서 민족 말살을 위한 법령 아래 무기력하고 절망적인 모습을 하고 있었다(출 1:22). 유월절에 그들은 순례자가 되어 길을 떠날 채비를 갖추고(출 12:11), 하나님과 동행할 수 있는 해방된 민족이 되었다.

시내산에 거하는 이스라엘

이스라엘 백성은 약속의 땅 가나안으로 가기 위해 이집트를 떠났지만, 그들이 도착한 곳은 오히려 시내산이었다. 그들이 길을 잘못 든 것도 아니었고, 흔한 말로 '가이드가 길을 잘못 인도한' 상황도 아니었다. 실수의 가능성은 전혀 없었다. 거대한 불기둥과 구름기둥(출 13:21-22)이 길을 안내하지 않았는가! 시내산은 들러야 할 필수 코스였다. 앞에서도 보았듯, 양의 피로 구원받은 사람들은 이제 순종의 법에 대한 교훈을 받아야 했다. 그들은 구원받았기에 율법의 목소리를 청종해야만 했다(출 20:2).

그런데 시내산에서 이스라엘의 삶을 구성하는 두 개의 특징적인 요소가 함께 등장한다. 바로 성막과 제사다.

성막

성막의 중요성은 성경에서 성막을 다루는 데 엄청난 지면을 할애한 것을 보면 잘 알 수 있다. 먼저 성막의 재료, 치수, 비품, 인원 등이 자세히 설명되어 있다(출 25-31장). 이어서 동일한 세부사항을 반복해 언급하지만, 이번에는 그것을 제작하는 방식과 비치할 장소를 자세히 설명한다(출 36-40장). 그런 세부사항을 왜 두 번씩이나 반복해서 언급했는지 어째서 물어보고 싶지 않겠는가!

이에 대한 대답은 출애굽기 29장 42-45절에 나온다. 불필요한 반복이라기보다는 오히려 성막이야말로 여호와께서 자기 백성을 이집트에서 구원해내신 유일한 이유라 해도 과언이 아니다.

다시 말하면, 성막은 양의 피를 통해 구원을 이루신 목적을 보여준다. 바로 성소가 '내(여호와)가 그들 중에 거할' 곳이기 때문이다. 아름답게 장식된 성막은 단순하면서도 특별한 목적이 있었다. 이스라엘 백성은 천막에 거주했으며, 여호와께서는 그들 가운데 거하기 원하셨다. 그래서 민수기 2장에 따르면, 하나님은 백성들의 천막 한가운데 자신의 성막을 두심으로써 자기 백성 가운데 살고자 하셨다.

제사

그 결과 이스라엘 진영의 중심에 성막이 자리 잡게 되었고, 그 위를 큰 구름이 덮어 구별되었다(출 40:34). 그런 의미에서 성막이야말로 하나님이 친히 거하시는 실제적인 장소가 되었다. 그런데 곧바로 이스라엘 백성들은 이 성막이 특혜이자 위험요소임을 깨달았다. 하나님이 모든 영광 가운데 그곳에 계시기 때문에, 모세는 들어갈 수 없었고(출 40:35), 이 신성한 장소에 무단으로 침입하는 사람은 누구든지 죽음의 형벌을 받게 될 거라고 제사법에서 거듭 강조하고 있다(예. 레 8:35; 15:31). 시내산의 놀랄 만한 신성함(출 19:12; 참조. 히 12:20)은 여호와의 성막의 신성함(출 29:43; 30:25-29)과 짝을 이루었다.

그러나 금송아지 사건에 이어 십계명 돌판이 깨지는 사건이 벌어지면서(출 32장), 마침내 이스라엘 백성은 자신들이 죄인임을 실감하게 되었고 죄의 위험성을 알게 되었다(출 33:4-6). 이와 관련하여 '죄인들이 거룩한 하나님과 어떻게 같이 살 수 있으며, 어떻게 그분께 다가갈 수 있는가?' 하는 중요한 질문이 제기되었다. 이 문제를 해결하기 위해 하나님께서 마련해주신 제도가 다름 아닌 제사제도였다.

복잡한 제사법 속에는 세 가지 중요한 제사가 있었다.

1. 번제가 있었다. 이것은 제사를 드리는 사람이 여호와로부터 '돌려받는 것이 전혀 없는' 제사였다(참조. 창 22:2, 12). 번제(레 1장)의 경우 '전체'를 여호와께 불로 올려드렸다(9, 13절).
2. 화목제가 있었다(레 3장). 이 제사는 하나님과 화해하기 위한 것이 아니라 그분과 평화를 누리기 위한 것이었다. 놀랍게도 레위기 3장에는 대속에 대한 언급이 전혀 없다. 화목제는 일종의 가

족행사였으며, 음식을 먹으며 광범위한 교제를 나누는 의식이었다(레 7:15-20; 신 12:7, 18). 수직적인 관계뿐 아니라 수평적인 관계에서 평화를 누렸다. 또 하나님과 평화를 누림과 더불어 다른 사람들과도 평화를 누렸다.

3. 속죄제는 죄를 처리하기 위해 마련되었다(레 4장). 레위기 4장에 언급된 세부사항은 대속과 정화라는 주제에 특별한 관심을 쏟고 있을 뿐 아니라 피를 뿌리는 의식에 대해서도 깊은 관심을 보인다.

레위기 1-4장에 걸쳐 등장하는 '대속'은 우리가 이미 주목했던 '덮음'의 개념을 보여준다. 다시 말해, 모든 것을 덮어주는 값(covering price)을 지불함을 뜻한다. 이것이 바로 속죄제(레 4:20, 26)뿐 아니라 번제(레 1:4)의 특징이다.

그런데 이 세 가지 제사에 공통적으로 포함된 중요한 의식이 하나 있다. 희생될 짐승의 머리에 제사 드리는 사람의 손을 얹는 안수의식이다(레 1:4; 3:2, 8, 13; 4:4, 15, 24). 이러한 행위는 대속죄일에 행하는 의식에 잘 설명되어 있다. 그날에 전체 회중을 대신하여 아론이 염소의 머리에 손을 얹어 안수하고, 백성의 모든 죄와 불의와 범죄를 그 위에서 고백한 후 "그 죄를 염소의 머리에 두어 … 염소가 그들의 모든 불의를 지고" 가게 한다고 레위기는 설명한다(레 16:21-22). 따라서 안수는 그 짐승과 제사 드리는 자를 동일시하는 동작이며, 동시에 제사 드리는 자와 하나님 사이에 있을지도 모르는 뭔가를 그 사람에게서 떼어 짐승 위에 얹어 놓는 일종의 전달 동작인 셈이다.

대속

유월절 사건에 대해 기록한 세부사항을 진지하게 고려하고 검토한 결과, 이 사건은 선택받은 양과 하나님의 장자인 이스라엘 사이에 있는 대속의 관계를 확실히 보여준다는 결론에 이를 수밖에 없다. 제사에 대해서도 마찬가지다. 안수의식이 요구하는 것은 짐승이 제사 드리는 사람을 대신해 하나님 앞에 서는 것으로 생각해야 한다는 것이다. 이 경우 더 이상 성화를 가로막을 것이 없다고 여기는 제사 드리는 사람들의 이상적인 생각을 대변하는 것일 수도 있고, 혹은 하나님과의 교제를 온전히 시작하는 것을 의미할 수도 있으며, 혹은 그 짐승이 그들을 대신하여 죄를 짊어지는 것을 의미할 수도 있다.

게다가 그 짐승은 실제적이고 효과적으로 이 모든 일을 수행했다. 예를 들면, 속죄제는 죄를 처리하는 모습을 보여주는 것이 아니라 실제로 죄를 처리하는 의식이었다. "제사장은 여호와 앞에서 그를 위하여 속죄한즉 그는 무슨 허물이든지 사함을 받으리라"(레 6:7). 여기서 제사를 드리고 가는 어느 부부의 대화 장면을 상상해 보자. 남편이 성막 혹은 성전을 방문한 후 집으로 돌아온다.

남편: 여보, 사람의 죄가 용서를 받는다니, 정말 놀랍지 않아?

아내: 당신의 죄가 용서받았다는 사실을 어떻게 알아요?

남편: 정해진 짐승이 나를 대신해서 죽는 걸 봤다니까. 내 죗값을 지불한 거라고.

아내: 그렇지만 당신의 죄가 용서받은 걸 어떻게 아냐니까요?

남편: 그건 내가 배운 대로 짐승의 머리 위에 내 손을 얹었으니까 알지. 그 짐승이 나를 대신하기로 정해졌다니까.

아내: 아무리 그래도 그렇지, 당신의 죄가 용서받은 걸 어떻게 알아요?

남편: 아니, 여호와께서 직접 그렇게 말씀하신다니까!

다르게 표현하면, 구약의 신자는 오늘날 그리스도인이 서 있는 것과 똑같은 자리에 서 있었다. "죄 용서하여 주시고 내 마음 위로 하심을 나 항상 믿고 고마워 주께로 거저 갑니다"(새찬송가 282장 "큰 죄에 빠진 날 위해" 5절). 구약의 조상들도 우리와 똑같이 이런 축복을 받았다는 사실을 알려면, 이번 장을 들어가며 살폈던 시편 51편의 시작 부분을 다시 회상할 필요가 있다. 우슬초에 피를 찍어 뿌리는 것을 근거로 은혜, 사랑, 지워주심, 씻어주심, 깨끗하게 하심의 역사가 실제로 일어났다.

황소와 염소의 피

여기서 한 가지 중요한 질문이 제기된다. 이 질문은 성경이 제시하는 축적된 계시의 핵심에 자리 잡고 있다. 만약 구약의 제사가 그것과 관련된 유익을 실제로 얻게 해주었다면, 어째서 히브리서는 "황소와 염소의 피가 능히 죄를 없이 하지 못함이라"(히 10:4)고 말하는가?

레위기 17장 11절은 구약의 주된 입장을 분명하게 진술한다. "육체의 생명은 피에 있음이라 내가 이 피를 너희에게 주어 제단에 뿌려 너희의 생명을 위하여 속죄하게 하였나니 생명이 피에 있으므로 피가 죄를 속하느니라"

이 구절은 명백한 사실에 대한 진술로 시작한다. 육체와 피가 함께 결합함으로써 생명을 구성한다는 뜻이다. 아마도 여기서 함축된 결론을 이끌어낼 수 있을 것이다. 이 둘이 분리된다면, 그것은 곧 죽었음을 암시한다.

둘째로, 이 구절은 제사제도가 하나님의 선물임을 가르쳐준다. 하나님께 압력을 가하기 위해 인간이 고안해낸 방편이나 교묘한 장치가 아닌, 하나님의 계획과 섭리로 주어진 선물이라는 것이다. 제사는 그분의 은혜로운 생각이자 대비책이다.

제사에 담겨 있는 하나님의 목적은 생명이 끝났음을 보여주는 징표인 피가 속죄의 적용 대상인 영혼을 '위하여' 대속, 즉 덮어주는 값을 지불하는 데 있다.

마지막으로 그 구절의 부연설명에서, 히브리어 전치사의 변화를 통해 그 피가 그 영혼에 대한 비용을 지불함으로써(즉 짐승의 생명을 바침으로써), 혹은 그 영혼(즉 죄인의 생명)을 대신하여 죄를 속한다(즉 덮어주는 값을 지불한다)고 말한다. 만약 그렇게 하지 않으면 그 죄인의 생명이 빼앗긴다.

그렇다면 다윗이 시편 51편 7절에서, 레위기의 제사에서 설명하는 내용을 넘어서서 우슬초로 뿌리는 것을 하나님의 은혜로 인식함은 이런 입장에 어떤 발전이 있었다는 뜻인가? 그럴 가능성이 있다. 그러나 실제로 새롭고 중요한 인식은 이사야를 통해 발전되었다. 이사야 52장 13절부터 53장 12절에서, 그는 여호와의 종을 미리 보았다. "그가 상함은 우리의 죄악 때문"이며, "여호와께서는 우리 모두의 죄악을 그에게 담당"시키셨다(사 53:5-6). 이사야는 전통적인 제사용어를 사용했지만, 궁극적으로 인간이 대속의 희생제물이 되어야 한다는 사실을 알고 있었다. 즉 오직 누군가가 인간을 위해 진정한 대속물이 될 수 있다는 것이다.

이사야는 실제로 그 이유를 알았다. 그러나 우리는 그것이 어떻게 실행되고 적용되는지 보기 위해 히브리서 10장으로 가려고 한다. 짐승들은 완벽한 대용품으로서, 몸은 제사를 위한 제물이 되고 그들의 '흠 없는 완벽함'은 우리의 죄악 된 존재를 대신한다. 그러나 다시 보면, 그것은 어디까지나 하나의 그림에 불과하며 완벽한 실체가 될 수 없다. 짐승은 내 뜻과 일치하는 동일한 뜻을 지니고 있지 않기 때문이다. 내 뜻이야말로 내 죄악성을 뿜어내는 원천이다. 짐승 제사는 대속물이 가장 필요한 순간에 대속물이 없으면 죄인의 상태로 남아 있게 된다.

그러나 히브리서 10장 7절에 따르면, 예수님은 "하나님이여 보시옵소서 … 하나님의 뜻을 행하러 왔나이다"라는 헌신된 마음으로 이 세상에 오셨다. 이 사실을 강조하려는 듯, 9절에 "내가 하나님의 뜻을 행하러 왔나이다"라고 반복해서 말씀하신다. 따라서 예수님은 "죄를 위하여 한 영원한 제사"를 드리셨다(히 10:12). 하나님이 오랫동안 계획하신 대속의 구원이 마침내 완벽하게 구현되고 성취되고 완성된 셈이다.

11 위대한 묶음: 하나의 이야기, 한 분이신 메시아

구약은 놀라운 이야기, 손에 땀을 쥐게 하는 이야기, 흥분을 자아내는 이야기 등으로 가득 차 있다. 나는 어린 시절 잠자리에 들기 전 복음서에 나오는 이야기들과 더불어 구약의 흥미진진한 이야기들을 충분히 즐겼다는 점에서 대단한 행운아였다.

물론 단순히 '좋은 이야기'의 차원을 넘어서는 대단히 심각한 문제가 있는 것도 사실이다. 당연히 우리는 그것에 대해서도 감사해야 한다. 그 이야기들은 중요한 역할을 맡고 있는데, 다름 아닌 계속되는 구원의 역사를 다음 세대로 전달하는 역할이다. 이 구원의 역사는 창세기 3장 15절에서 처음 선포된 후 때가 찰 때까지(갈

4:4) 이어졌다. 그 때는 바로 예수님의 탄생과 구원 사역이었다. 이 구원의 역사에서 왕권이 중요한 역할을 맡게 되었다.

나쁜 생각 그리고 최고의 대안

사람들이 처음 사무엘에게 왕을 찾아달라고 요구했을 때(삼상 8장), 그들은 최고의 대안이 아닌 그보다 못한 대안을 선택한 것이었다. 사무엘이 확실하게 느낀 것은 백성들이 사사제도를 거부하고 있었으며, 암묵적으로는 사사인 자신을 거부하고 있다는 점이었다. 그러나 여호와께서는 그 문제의 핵심을 제대로 짚으셨다. "여호와께서 사무엘에게 이르시되 … 그들이 너를 버림이 아니요 나를 버려 자기들의 왕이 되지 못하게 함이니라"(삼상 8:7).

사사제도는 신앙을 요구했다. 다시 말해, 나라에 위기가 닥쳤을 때 여호와께서 즉시 구원을 베풀어주신다는 믿음을 요구했다(삿 2:18). 그런데 그들은 달리 생각했다. 왕, 즉 영원히 준비된 구원자를 소유하는 것이 위기가 닥쳤을 때 훨씬 더 큰 위로가 된다고 말이다! 그러나 하나님은 사사제도를 거부하는 백성들에게 자비를 베푸셨다. 다름 아니라 그들이 선택한 차선책을 통해 하나님이 준비한 최고의 대안, 즉 메시아에 대한 계획을 바라보게 하신 것이다. 오실 메시아는 당연히 왕이시며, 그들이 죄악 된 마음으로 바랐던 왕의 혈통을 이어받아 오실 것이다! 바로 여기서 하나님의 주권적인 섭리의 은혜와 경이로움이 드러난다. 이것이 실제로 이루어지는 장면을 보기 위해서는 사사기에서 출발해야 한다. 그러나 먼저 구약에 나타난 역사의 본질을 회고해볼 필요가 있다.

역사와 선택

다음 예화는 다소 경박해 보일지 모르지만 심각한 의미를 담고 있다. 나는 20세기 역사에서 내 할머니에 대해 언급하는 내용을 아직까지 읽어본 적이 없다. 내가 20세기 역사에 관해 글을 쓴다면, 그분의 이야기가 상당한 분량을 차지할 것이다. 당신도 알다시피, 역사가들은 하나의 관점으로 역사를 보기 시작한다. 자신들의 관점에 근거해 자기 앞에 놓여 있는 수많은 사실에서부터 그가 판단하기에 중요하다고 평가되는 사실을 선택한다. 만약 그들의 할머니가 중요한 인물이었다면 역사 속에 '삽입'했을 것이다. 만약 그들이 생각하기에 가장 중요한 요인이 장관과 장군들이라면, 역사의 초점을 정치와 전쟁에 맞춰 기록할 것이다. 그리고 실제로 그렇게 해왔다. 만약 '서술식 역사'에 매력을 느끼지 못하는 역사가라면, 사회적 통계나 정치적 통계를 대안으로 선택할 것이다. 심지어 일부 역사가들은 세상이 어떤 목적을 이루기 위해 돌아간다는 증거를 '역사'에서 찾을 수 없다고 생각하는데, 그런 역사가들조차도 뭔가를 기록하려 한다면 자신에게 주어진 모든 사실 가운데서 무엇을 기록으로 남겨야 할지 선택해야만 한다.

이것은 '역사'가 '특정한 경향을 취해야 한다'는 의미가 아니다. 다시 말해, 역사가의 전제에 맞추기 위해 역사를 비틀거나 조작해야 한다는 뜻이 아니다. 물론 그럴 가능성은 있지만, 그렇게 해서는 안 된다. 설령 선택을 주관하는 개인적인 '관점'이 있다손 치더라도, 객관성만큼은 유지되고 보장될 수 있어야 한다. 이것이 가능하려면 역사가 개인의 정직성에 의존해야 한다. 우리는 역사가들이 사실을 성스럽게 다뤄주기를 기대한다.

이와 같은 정신을 가지고 성경의 역사가들에게 다가가야 한다. 그들의 '관점'을 잘 보여주는 사례를 꼽으라면, 므낫세의 55년 통치 역사를 단 18구절로 기록한 사실(왕하 21장)을 들 수 있다. 우리가 므낫세에 대해 아는 것이라고는 그가 여호와 보시기에 악을 행했다는 것뿐이다(2, 9, 11, 16절). 여호와의 시선이 바로 성경의 역사가가 품은 '관점'이다. 그것이 성경의 역사가 탐구할 대상이자 제시하는 내용이다. 그래서 그것이 무엇보다 중요하고, 또 그것이 므낫세에 관한 모든 자료로부터 선택하는 기준이다(왕하 21:17). 이러한 사실 때문에 성경의 역사가 믿지 못할 역사가 되지는 않는다. 단지 다른 전제에 바탕을 둔 역사일 뿐이다. 따라서 결코 잘못된 역사가 아니다! 그렇다면 성경의 역사가들이 중요하다고 '체크 표시' 해둔 곳을 찾기 위해 사사기로 다시 돌아가보자.

사사기

사사기는 세 부분으로 나뉜다. 이스라엘이 약속의 땅 가나안에 들어갔을 때 여호수아가 가나안 정복에 대한 전쟁을 기록했다. 사사들이 이것을 이어받아 점령을 위한 전쟁에 대해 기록을 남겼고, 그런 점령으로 이스라엘은 정복한 지역에 정착하기 시작했다. 이것은 결코 평탄하지 않은 과정이었고, 그 기간 중 여호수아가 세상을 떠났다. 그 무렵부터 이스라엘의 불신앙이 시작되고(삿 2:11), 하나님께 동정받지 못할 행동을 반복해서 저질렀다(삿 2:15-18).

이로써 '불신앙, 하나님의 동정, 구원을 위해 사사를 세우심, 사사가 죽은 후 더 심한 불신앙에 빠짐'이라는 사사시대의 패턴이 형성되었다.

바로 이런 이유 때문에 사사시대를 가리켜 위대한 지도자들의 시대라고 부를 뿐 아니라, 엄청난 실패의 시기라고도 부른다. 사사 개개인을 놓고 보면 별로 차이가 없어 보인다. 재치 있는 행동을 보여준 작은 부족 출신의 작지만 사랑스러운 기드온, 짓궂은 장난이나 이성에 대해 결코 거부하지 못한 익살꾼 삼손, 무명의 인물 삼갈, 겉으로는 냉정해 보이지만 꼼꼼한 완벽주의자 입다 같은 인물에 대해 생각해본 적이 있는가? 그들은 사분오열된 부족을 일시적으로나마 하나로 연합시켜, 압제와 속박에서 잠시 벗어날 수 있게 해주었다. 그들 중에는 거의 80년 동안 그 땅을 평화롭게 한 인물도 있지만, 그 후에는 다시 불신앙과 실패를 반복했다.

그렇다면 사사기 17-21장을 읽는 것이 얼마나 실망스러운 일인지 모른다! 마치 무질서와 부패의 냄새가 진동하는 어둡고 축축한 지하 저장고로 들어가는 것과 같다고나 할까! 그런데 실제로 정말 그렇다. 룻기는 "사사들이 치리하던 때"(룻 1:1)에 일어난 일을 다루는데, 그야말로 사사시대의 다른 면을 보여준다. 그러나 우리가 주목한 대로 모든 역사가는 자신만의 관점을 가지고 있고, 여기서는 역사의 앞면과 뒷면이 모두 나름대로의 정당성을 지닌다. 사사기의 저자는 문제를 보고 해법을 제공한다. '그때에 이스라엘에 왕이 없었다.' 그런데 왕이 있었다면 어떻게 되었을까?

메시아에 대한 추적

사사 엘리와 여호와의 성막이 있는 실로를 향해, 엘가나와 한나가 어린 사무엘을 데리고 나아가던 모습을 상상해보라. 그곳에서 평생 봉사하는 일에 그 꼬마를 바치기 위한 여정이었다. 그들이 아이 사무엘을 바치는 봉헌식의 세부적인 진행 사항을 계획하는 모습을 머릿속에 그려보라. 한나는 기도한다. "오, 다 같이 노래합시다. '내 마음이 여호와로 말미암아 즐겁습니다'"(참조. 삼상 2:1-10). 그녀가 선택한 찬송이 어떻게 끝나는지 들어보라. "자기의 기름부음을 받은 자의 뿔을 높이시리로다"(10절). 이상적인 국가 이스라엘이 기름부음 받은 왕을 중심으로 세워진다고 본 사람은 사사기의 저자만이 아니었다. 다른 사람들도 역시 그렇게 보았다. 다시 말해 우리 손에 있는 사사기뿐 아니라 한나가 부른 찬송을 놓고 볼 때, 사무엘상 8장 5절("모든 나라와 같이 우리에게 왕을 세워 우리를 다스리게 하소서")이 소수 운동권 사람들만의 바람이 아니라 당시 급증하던 여론을 그대로 반영한다는 사실을 알 수 있다.

꿈에 그리던 왕을 그분(하나님)의 "기름부음을 받은 자"로 부르는 것은, 틀림없이 당시에 전통적으로 행해지던 즉위식(예. 삼상 10:1)을 반영하는 것이며, 왕권을 메시아적인 개념으로 이해하기 시작했음을 보여준다. 바로 이때부터 열왕기서가 시작되었고, 우리 조상인 이스라엘 백성들이 미래로 눈을 돌려 마지막에 오실 궁극적인 왕을 기다리게 되었다. 다윗의 혈통을 이어받은 새로운 왕이 즉위할 때마다, 진정으로 하나님의 기름부음 받은 자인지를 밝혀내기 위해 심사숙고해서 살펴보게 되었다.

왕권과 메시아에 대한 기대라는 관점에서 시편 2편을 읽어보라. 다윗 혈통의 새로운 왕의 대관식에서 불렀던 노래라고 생각된다. 왕에게 거는 기대를 왕 앞에서 노래로 부르고 있는데, 그 기대란 왕이 특별한 의미에서 하나님의 아들이기를 바라며, 그분이 다윗에게 약속했던 전 세계를 다스리는 통치권을 가져오게 되리라는 것이었다(예. 시 89:20-29). 같은 맥락에서 시편 72편도 읽어보라. 솔로몬에 대한 묘사가 나오는데, 아직 오시지 않은 하나님의 아들을 마음속에 그리면서 미래를 생각하는 왕의 모습을 볼 수 있다.

역사의 흔들리는 스포트라이트

열왕기하를 읽을 때는 정신을 바짝 차려야 한다. 두 왕국의 역사를 뒤섞어 기록했기 때문이다. 솔로몬을 계승한 르호보암은 다소 멍청한 왕이었고, 당시 주변에 있던 성급한 신하들이 제시한 거대한 환상에 따라 마음이 이리저리 흔들렸다. 아버지 솔로몬이 저지른 실패를 강력하고 결단력 있게 단호히 조치하여 바로잡을 수 있는 기회도 있었다. 그러나 무능한 지도자들이 그렇듯, 자신의 알량한 지위를 고수하기 위해 잘못된 쟁점, 잘못된 시간, 잘못된 방법을 선택하고야 말았다. 그 결과 나라가 둘로 쪼개지는 돌이킬 수 없는 상황이 벌어졌다(왕상 12장). 그래서 남쪽에 위치한 유다에는 겨우 두 지파만 남았고, 반대로 북쪽 이스라엘에는 열 지파가 떨어져나가 거대한 나라를 세웠다. 이 두 나라를 통해 각기 다른 두 유형의 왕권을 볼 수 있다.

남쪽 유다에서는 다윗의 혈통이 순서에 따라 아버지에게서 아들에게로 왕위를 이어갔다. 다윗(BC 1000년)부터 시작해 예루살렘 멸망 때(BC 587년)까지 다윗과 맺은 하나님의 언약에 따라(삼하 7장), 왕들이 여호와께서 주신 왕위에 앉아 나라를 다스렸다(대상 29:23).

반면, 북쪽 이스라엘의 상황은 전혀 달랐다. 초대 왕 여로보암은

활기차고 적극적인 모험가로 소개된다. 여로보암은 이스라엘의 왕위에 대한 야망을 품고 마침내 정상에 올랐다(왕상 11:26-40; 12:25-14:20). 그의 모습은 일종의 본이 되었다. 이스라엘 왕들은 재능이 있고 권력에 굶주린 사람들이어서, 대부분의 경우 자신의 개인적인 노력으로 왕위에 올랐다. 한마디로 강하면서 타고난 지도자들이었다. 그들 중 길든 짧든 왕조를 세운 사람은 극소수에 불과하고, 대다수의 왕이 암살로 통치의 막을 내렸다.

이처럼 두 왕국의 왕권은 전혀 다른 형태를 취한다. 한쪽은 선택이 아닌 계승에 의해 왕위를 이어간 반면, 다른 쪽은 재능 있는 사람이 자기 혼자 힘으로 왕위를 향해 기어올라 갔다. 두 형태가 양극단을 이루면서 역사가들의 스포트라이트는 이 둘 사이를 흔들거리며 오갔다. 다윗의 언약에 따라 차례대로 왕위를 계승할 경우 그 왕위가 메시아까지 이어질 것인가, 아니면 타고난 인간적 재능과 능력의 바탕 위에 메시아가 서게 될 것인가?

역사가들의 대답은 '둘 다 아니다'이다. 이스라엘의 왕권은 먼저 몰락했다. BC 722년 아시리아 제국의 거센 침략에 함락되고 말았다(왕하 17장). 유다 왕국은 그보다 140여 년을 더 버티다 망했다. 유다는 바벨론 제국에 굴복했는데, 그때까지도 다윗의 혈통이 왕위를 이어가고 있었지만(왕하 25:27-30), 결국 시간의 모래 속에 파묻히고 말았다. 그러다 마침내 통치권을 가진 예수님이 오셨을 때 다시 모습을 드러냈다(눅 1:31-35).

메시아에 대한 소망

최초로 왕을 요구했던 시기와 예루살렘이 함락된 시기 사이에 수백 년의 세월이 흘렀고, 실패한 왕조에 대한 비참한 기록이 뒤따랐지만, 그럼에도 왕으로 오실 메시아에 대한 기대는 점점 무르익어 갔다. 예루살렘 함락이라는 극도의 충격과 다윗 혈통 왕위 계승의 몰락이, 장차 오실 진정한 왕에 대한 기대를 촉진시켰다는 것이 수많은 학자들의 이론이다. 그런데 이 위대한 소망은 포로 이전 시대의 선지자들부터 이미 자주 언급했고, 또 이런 소망 때문에 성경의 많은 내용에 대한 순서와 연대를 재조정해야 할 필요가 생겼다는 것에 비추어볼 때, 그러한 학자들의 이론은 맞지 않는다. 군주제는 시작부터 실패였고, 사사기 17-21장에 나오는 군주제에 대한 황금빛 기대는 대부분 성취되지 못했다. 만약 과거의 실망이 소망을 키우는 필수적인 전제라고 한다면, 처음부터 군주제에는 그런 소망이 싹틀 만한 충분하고 완벽한 조건이 자리 잡고 있었다. 사울은 나라를 통합하는 데 실패했고, 다윗은 도덕적인 몰락을 초래했으며, 솔로몬은 종교적인 타락을 주도했다. 그래서 마침내 유다와 이스라엘 사이에 균열이 발생했고, 이로 인해 장차 오실 메시아에 대한 찬란하고 기적 같은 예고들은 모두 좌절되고 말았다.

다윗은 가장 빛나는 왕으로서 중심 역할을 계속 감당했다(왕상 11:4; 15:11). 메시아는 다윗의 보좌 위에 앉게 될 것이다(사 9:7). 이사야가 여호와의 종이 행하실 구원 사역을 미리 내다보았을 때(사 52:13-53:12), 이 일은 "다윗에게 허락한 확실한 은혜"를 성취하는 일이 될 것임을 시사했다(사 55:3). 예레미야가 볼 때도 메시아는 다윗의 혈통을 이어받은 족보상의 "가지"였다(렘 23:5). 그런가 하면 에스겔 34장 22-24절은, 다윗이 여호와의 양 떼를 이끄는 완벽한 목자로 돌아오게 될 것처럼 말한다.

왕과 제사장 스가랴는 그 "싹"(가지)의 오심을 보좌에 앉는 제사장의 모습으로 예견했다. 이사야와 예레미야의 예언에서부터 시작된 이 싹(가지)이라는 명칭은, 스가랴 시대에 메시아를 가리키는 관례적인 칭호였음이 틀림없다(슥 6:12-13). 이 주제에 대한 핵심 본문을 꼽으라면 시편 110편을 들 수 있다. 거기서 다윗 왕조에 세워질 왕적인 메시아에 대한 소망을 묵상하는 다윗을 만나게 된다. 장차 오실 그분은 매우 위대하시기에 다윗 왕조차도 그분을 가리켜

“주”라고 부른다(참조. 마 22:43). 그뿐 아니라 메시아를 왕의 위치로 임명하는 듯한 신적인 용어를 병행해 사용하면서(시 110:1), 그분이 멜기세덱의 혈통을 잇는 영원한 제사장(참조. 히 5:9-10; 7:1-28)이 될 거라는 하나님의 맹세(시 110:4)를 언급한다.

멜기세덱은 창세기 14장에 처음 등장한다. 아브람이 그 지역의 왕들을 이기고 돌아올 때 멜기세덱이 아브람을 만나러 마중 나왔고, 아브람은 탈취한 전리품의 십일조를 멜기세덱에게 바침으로 보답했다(창 14:20). 이것은 곧 왕 중의 왕인 아브람이 멜기세덱을 자신보다 우월한 인물로 인정했음을 의미했다. 아브람은 멜기세덱의 하나님(“지극히 높으신 하나님”)을 진정한 하나님 여호와와 같은 분으로 인식했으며(창 14:22), 따라서 멜기세덱의 제사장직을 진정한 제사장직으로 인정했다. 그로부터 수백 년이 지나 여호수아가 약속의 땅 가나안을 정복할 당시, 예루살렘 왕의 이름이 “아도니세덱”(Adoni-zedek, 수 10:1)이었는데 그 이름은 멜기세덱(Melchizedek)과 정확히 똑같은 형태, 똑같은 의미를 갖는다! ‘멜기’는 ‘~의 왕’이라는 뜻이고, ‘아도니’는 ‘~의 군주’라는 뜻이다. 그렇다면 동일한 왕의 혈통을 계승한 자가 그때까지 예루살렘에 살아 있었고, 게다가 동일하게 왕권을 겸비한 제사장을 맡고 있었다는 생각이 과연 지나친 상상력일까? 나는 지나치지 않다고 생각한다. 그러나 결국 다윗이 예루살렘에 자신의 보좌를 세웠을 때(삼하 5:6-10), 자연스럽게 다윗이 멜기세덱의 제사장이 되었다. 즉, 왕의 집안에 거주하는 구별된 제사장이 된 셈이다(참조. 히 7:14-19). 그리고 시편 110편에 따르면, 이것이야말로 장차 오실 왕적인 메시아를 이해하는 특별한 방식 가운데 하나라고 볼 수 있다.

메시아가 '여호와의 가지'라는 사실을 알게 되었을 때, 다시 말해 그 조상이 여호와께로 거슬러 올라간다는 사실을 알게 되었을 때, 메시아에 대한 수수께끼가 제기된다. 메시아는 다윗의 보좌를 계승하기 위해 인간의 몸으로 태어나시며(사 9:6), 다윗의 혈통으로 태어나 다윗의 약속을 성취하신다(사 9:7). 그러나 그분의 이름들 가운데는 '전능하신 하나님'이라는 이름이 포함되어 있다. 그리고 바로 이 이름은 이사야 10장 21절에서 여호와 하나님 자신을 가리키는 데 사용되고 있지 않은가! 인간이면서도 하나님이라는 이중적인 관계가 이사야서에 다시 등장한다. 이사야 53장 2-4절에서, 여호와의 종은 분명 사람들 가운데 속한 사람이며, 이 세상에 태어나 이 세상 가운데 사는 분이다. 동시에 그분은 "여호와의 팔"(사 53:1)이다. 즉, 행동을 취하기 위해 팔을 걷어붙이는 하나님이다(참조. 사 52:10). 예레미야가 메시아를 다윗의 싹(가지)으로 예견했을 때, 그분의 이름을 "여호와 우리의 공의"라고 불렀다(렘 23:6). 구약은 인간 메시아가 어떻게 동시에 신이 될 수 있는지 설명하지 않는다. 그런데 그분이 동정녀에게서 출생하실 초자연적 인물임을 주장한다(사 7:14). 비록 출생은 인간으로 태어나셨지만, 태어난 아기는 '우리와 함께하시는 하나님'이었다. 말라기에 따르면 장차 오실 그분은 하나님 자신이었다(말 3:1).

고난받는 종 메시아 다윗은 우리에게 시편 22편에 대한 어떤 배경도 설명해주지 않는다. 그런데 잘 알다시피, 예수님은 그 시편을 십자가에 못 박히는 메시아인 자기 자신을 가리키는 말씀으로 적용하셨다(막 15:34). 이것을 통해 확실하게 추측할 수 있는 사실은, 자신에게 닥쳐온 생명을 위협하는 지독한 고난의 과정에서 다윗은 장차 오실 고난받는 왕을 미리 내다볼 수 있었다는 점이다. 이런 주제를 고난받는 여호와의 종이라는 이미지로 완성하는 일은 이사야의 몫이었다. 메시아이신 그 종은 이방 세계에 계시된 진리를 전파해줄 분이요(사 42:1-4), 곁길로 가는 이스라엘을 여호와께로 인도해줄 분이요(사 49:1-6), 무시무시한 대가를 치르는 한이 있더라도 순종의 삶을 살아갈 분이요(사 50:4-9), "우리의 죄악 때문"에 상처를 받으실 분이다(사 52:13-53:12).

우리가 할 수 있는 일이라고는 이런 사실을 되새겨보는 것뿐이지만, 구약이 제공하는 예언이 얼마나 풍부한가! 게다가 아직 오지 않은 일들을 아주 완벽하고 자세하게 미리 묘사한 것을 볼 때, 구약이야말로 얼마나 뛰어난 책인가!

메시아에 대한 예언을 확립하는 데 관심을 쏟는 성경구절

시 2편; 단 7장; 암 9:11-15; 미 5:2-5; 슥 6:12-13; 말 3:1; 4:5-6.

A Christian's Pocket Guide to Loving the Old Testament

12
실제적인 문제들: 예언서와 시편

하나님의 말씀은 다음과 같이 선포한다.

이 구원에 대하여는 너희에게 임할 은혜를 예언하던 선지자들이 연구하고 부지런히 살펴서 자기 속에 계신 그리스도의 영이 그 받으실 고난과 후에 받으실 영광을 미리 증언하여 누구를 또는 어떠한 때를 지시하시는지 상고하니라 이 섬긴 바가 자기를 위한 것이 아니요 너희를 위한 것임이 계시로 알게 되었으니 이것은 하늘로부터 보내신 성령을 힘입어 복음을 전하는 자들로 이제 너희에게 알린 것이요 천사들도 살펴보기를 원하는 것이니라 (벧전 1:10-12)

선지자들의 책에 친숙해지려면 많은 도움과 결단이 필요하다. 그 내용이 무척이나 방대하기 때문이다. 그리고 첫눈에 보기에도 예언서는 우리를 주눅 들게 만든다. 인쇄된 분량 하며 재미없는 말들이 다닥다닥 붙어 있지 않은가! 그러나 선지자들이 그 시대에 신문 머리기사를 장식하는 사람들이었음을 기억한다면, 확실히 예언서를 읽을 마음이 생길 것이다. 아모스 같은 경우는 그 당시 지배층에게 말썽을 일으키는 인물로 널리 알려져 있었다. 심지어 국외 추방 명령의 위협까지 받았다(암 7:10-13). 이사야는 지나가는 사람들의 시선을 사로잡는 슬로건을 적어놓기 위해 광고판("서판")을 내걸 정도였다(사 30:8). 에스겔은 시각적인 교재를 만드는 데 선수였다. 이를 위해 자기 집 벽을 뚫기(겔 12:4-7)까지 하지 않았는가! 선지자들은 그 시대에 논란거리였다. 따라서 우리가 그들의 책을 지루하게 여긴다면, 그것은 그들의 잘못이 아니라 오히려 우리의 잘못이라 하겠다.

읽고 또 읽고 … 그리고 다시 읽고 … 또 읽어라

우리가 해야 할 첫 번째 행동은 「뉴 바이블 주석」 시리즈(New

Bible Commentary) 같은 책을 손에 잡는 것이다. 그 책은 성경의 각 권에 대해 간단하면서도 유용한 개론을 제공하기 때문에, 성경을 읽을 때 유익한 동반자 역할을 한다. 그렇다 하더라도 각각의 예언서에 어떤 내용이 담겼는지, 각 권의 구성이나 패턴이 어떻게 되어 있는지를 보고 그것에 대한 지식을 차례차례 쌓아 올리려면, 성경을 읽고 또 읽는 것 외에는 다른 대안이 없다. 따라서 무엇보다 성경을 직접 대면해야 한다. 전체적으로 볼 때, 예언서는 결코 매력적인 책이 아니다. 우리에게 매우 낯선 내용이기 때문이다. 우리는 예언서를 알기 위해 훈련받거나 그것을 알기 위해 고생한 적이 없다. 그래서 지금 이 주제로 나아가려고 하는데, 여기서 아주 중요하기 때문에 다시 한 번 강조해야 할 사항이 있다. 읽고 또 읽고 … 다시 읽고 … 또 읽는 것을 대신할 수 있는 대안은 없다! 예언서의 구조가 눈에 들어오고 그 의미와 매력이 느껴지려면 반복해서 읽는 수밖에 없다.

말라기

말라기서는 예언서를 탐구하는 첫 출발지로서 추천할 만하다.

말라기 선지자는 평범한 구조로 글을 썼고, 더군다나 그 내용을 다루기 쉽도록 여러 단락으로 나눠놓았기 때문이다. 말라기 선지자를 야외 집회에서 설교하는 부흥사라고 상상해보면 내용을 이해하는 데 도움이 될 것이다. 게다가 끈질기게 그를 괴롭히는 열렬한 무리가 따라다닌다고 생각하면 더 생생할 듯싶다. 그 선지자가 어떤 주제를 말하든지, 반대자들은 거기에 대한 반론을 제기한다! 마침내 말라기 선지자는 그들의 괴롭힘을 역이용하여 자신의 사역과 메시지를 기록으로 남기는 수단으로 사용한다.

다음에 실린 말라기의 개요를 살펴보면, 일반적으로 예언서를 읽고 연구하는 데 크게 두 단계가 있음을 알 수 있다. 첫 단계, 즉 처음 목표는 예언서의 내용이 무엇인지 밝히는 것이다. 그런 의미에서 말라기는 더 이상 애매모호한 내용으로 이루어져 있는 것이 아니라, 오히려 여러 주제에 대한 목록으로 구성되어 있다. 둘째 단계는 그 목록의 내용을 깊이 파고들어 가서, 과연 언급된 항목들이 더 균형 있는 패턴을 취하고 있는지 여부를 살펴보는 것이다.

말라기의 경우 여섯 개의 질문 중에서 두 번째와 다섯 번째 질문은 중복된 형태를 취하고 있다. 그렇다면 말라기서는 의도적으로 질문을 그렇게 구성한 것인지 당연히 묻고 싶어질 것이다. 아마도 의도한 것은 아닐 듯싶다. 그러나 우리는 말라기 선지자에게 영감을 불어넣어주신 성령님의 마음을 또한 살피게 된다. 따라서 성경의 증거로 보건대 말라기는 이런 식의 균형과 대칭을 좋아했던 것 같다.

말라기서의 개요

말라기에 제시된 주제와 그에게 주어진 질문

1:2 어떻게 우리가 사랑의 하나님을 믿을 수 있습니까?

1:6 이제까지 내가 하나님을 불쾌하게 해드린 일이 있다면 무엇입니까?

2:14 왜 하나님은 기도에 응답하시지 않습니까?

2:17 과연 하나님의 눈에 '좋게' 보일 만한 일이 있습니까?

3:7-8 내가 무엇을 포기해야 합니까?

3:14 종교적인 삶을 살 가치가 있습니까?

나는 말라기의 질문이 다루고 있는 이슈의 핵심, 즉 본질을 표현하려고 노력했다. 이제 당신이 스스로 판단해보라.

말라기의 질문이 보여주는 패턴

하나님의 사랑(1:1-5) 사건과 경험들을 쭉 둘러보면, 사랑의 하나님을 부정하기는 쉬우나 그분을 찾아내기는 언제나 어렵다. 하나님은 미래를 가리키신다. 그러므로 긴 안목으로 바라보라.

값싼 종교(1:6-2:9) 하나님을 최선이 아닌 차선의 차원으로 대하는 것.

행위(2:10-16) 결혼서약 및 충실하게 약속을 지키는 것과 관련된 특별한 문제.

행위(2:17-3:6) 도덕적 가치와 하나님의 기준에 따른 삶에 관한 기본적인 주제. 하나님은 궁극적으로 자기 기준의 정당성을 입증하고 집행하실 것이다.

값싼 종교(3:7-12) 하나님의 요구에 순종으로 반응하는 것이 곧 축복의 길이다.

하나님의 사랑(3:13-4:6) 말라기를 괴롭히는 자가 하나님의 율법에 반응하는 것이 과연 가치 있는 일인지 의문을 제기한다. 여호와께서 현재 상황을 보여주시고(3:16), 미래의 전망을 제시해주신다(3:17-4:6).

아모스

아모스는 분석이 필요한 좀더 복잡한 문제를 제시한다. 그러나 끈질기게 읽는 사람에게 그 문제의 비밀이 마침내 모습을 드러낸다. 아모스 1장 2절에서, 아모스는 부르짖는 사자의 모습을 비유로 사용한다. '부르짖다'라는 동사는 특히 사자가 먹잇감을 공격하기 직전에 달려들면서 포효하는 모습을 묘사한다. 동일한 모습이 3장 8절에 다시 등장한다. 이것을 가리켜 소위 '수미쌍관법'(inclusion)이라고 부를 수 있다. 즉 한 단원의 시작과 끝에 괄호 역할을 하는 개념을 배치하는 문학기법이다. 그것은 가치 있는 실마리를 제공한다.

아모스 3장 9-11절은 비유로부터 시선을 돌려 현실, 즉 "이 땅 사면에" 있는 대적에게로 시선을 옮긴다. 그리고 계속 읽다보면 동일한 생각을 6장 14절에서도 발견하게 된다. 거기서는 북쪽("하맛 어귀")과 남쪽("아라바 시내")에서 공격해오는 사나운 대적에 대해 언급한다. 북쪽과 남쪽을 대조적으로 언급한 것은 '모든 곳'을 의미하는 일종의 관용적 표현이다.

7장 1-6절에서 아모스는 메뚜기와 불의 재앙을 환상으로 보는데, 두 재앙 중 어느 것이라도 그 나라의 종말을 초래할 수 있었다. 아모스는 그 재앙을 막아달라고 기도했고, 여호와께서는 "이것이 이루어지지 아니하리라"고 약속하신다. 만약 이것이 장차 일어나지 않을 운명을 묘사한 것이라면, 장차 일어날 소망을 언급한 9장 11-15절과 대조를 이루면서 일종의 수미쌍관을 형성한다고 볼 수 있다.

이와 같이 아모스서는 크게 세 단원으로 나뉘며, 각 단원은 다음에 언급한 도표에서 보듯이 분석이 가능하다.

내용을 분석하는 작업은 단순히 주요 단원에 선을 그어 표시하는 차원을 넘어 그 이상으로 진행될 수 있다. 즉 각 단원 자체가 분석이 가능하다. 그러나 기본적인 작업으로 돌아가서, 어떤 책(혹은 어떤 시)의 주요 단원을 파악했을 때 그 다음 단계로 할 일은 각 단원의 내용을 서술하고, 나아가 무엇에 관한 내용인지 파악하는 것이다. 이 경우에는 아모스가 무엇에 관한 내용인지 파악하는 일이 다음 단계에서 할 일이라고 말할 수 있다.

제1단원은 여러 나라를 열거하는 내용으로 이루어져 있다. 먼저 주변에 있는 이방 나라들부터 시작해(1:2-2:3), 여호와의 백성으로 이루어진 두 나라로 향한다(2:4-3:8). 전 세계를 책임지는 분은 유일하신 하나님이며, 그분이 모든 나라에 책임을 물으실 것이다. 하나님은 각 나라가 무례한 일을 저지르는 전 과정을 지켜보셨다. 공식처럼 반복되는 구절 "서너 가지 죄로 말미암아"라는 표현에서, 하나님이 관찰하고 인내하고 계심을 읽을 수 있다. 그러나 곧장 심판하지 않고 적당한 유예기간을 주신다. 그런데 말하자면 두세 가지 죄를 넘어 네 번째 죄를 저질렀을 때 심판의 시작이 불가피한 지경에 이른다. 그러나 아모스는 각각의 경우에 하나님의 심판의 원인을 매우 정확하게 구분하고 있다. 하나님 계시의 특별한 은혜를 전혀 알지 못했던 나라들의 경우에는 '비인도적인 범죄' 즉 양심에 위배되는 목소리에 대한 심판을 선언하신다. 반면 유다와 이스라엘의 경우에는 용서할 수 없는 네 번째 죄가 여호와의 율법을 멸시한 것이며(2:4), 이것은 곧 하나님의 특별한 계시의 목소리를 가로막는 죄였다(2:4, 11-12).

제2단원의 핵심 진리는 역사의 모든 사건에 대한 여호와의 통치, 즉 하나님 자신의 도덕적 목적을 도모하기 위해 모든 나라를 주관하시는 데 초점을 맞추고 있다. 특히 하나님의 백성에게 징계와 교정이 필요할 때 역사의 사건을 사용하신다는 사실에 주목한다. 4장과 5장에 걸쳐 있는 단원의 핵심에서 배우게 되는 사실은, 역경의 상황에 직면했을 때 가장 먼저 하나님과 함께 있음을 확신해야 한다는 것이다. 4장 6-11절에 다섯 번이나 "너희가 내게로 돌아오지 아니하였느니라"고 말씀하시며 그들을 부르고 계신다. 이것과 병행해서 5장에서는, 종교적인 격식이 도덕적 개혁과 경건한 삶을 결코 대신할 수 없음을 상기시켜준다. 여호와께서는 그 같은 종교의식에 전혀 감동받지 않으신다.

그런데 아모스의 마지막 단원이 없다면 우리는 무엇을 할 수 있을까? 우리의 신학은 정말이지 중간에서 끊기고 말 것이다. 아모스는 심판을 주제로 다루되, 우리의 특별한 지위(3:1-2)가 오히려 우리를 더욱 비난의 대상으로 만든다고 말할 정도로 심판을 강조한다. 그러나 여호와의 선지자가 희망의 메시지를 전하지 않는다는 것 자체도 불가능하다. 여호와는 원수를 짓밟으실 뿐 아니라 자기 백성을 구원하시는 하나님이기 때문이다. 출애굽이 그러한 사실을 보여주며, 그 사실을 굳게 믿은 아모스는 자신의 책을 '장차 도래할 희망'으로 끝맺고 있다. 그 희망이란 바로 다윗과 맺으신 약속의 성취(9:11-12)와 그 결과로 주어지는 새 하늘과 새 땅(9:13-15)이다.

아모스의 개요

1:1 제목

1:2-3:8 사자의 부르짖음: 우주적인 심판과 그 근거

1:2	사자의 부르짖음: 여호와의 음성(A)
1:3-2:3	이방 민족들에 대하여(B)
2:4-3:2	선택받은 민족에 대하여(B)
3:3-8	사자의 부르짖음: 선지자의 말씀(A)

3:9-6:14 그 땅을 둘러싼 대적: 여호와의 분노

3:9-15	흩어진 왕국(A)
4:1-3	지도층에 있는 여인들(B)
4:4-13	회개 없는 종교(C)
5:1-27	개혁 없는 종교(C)
6:1-7	지도층에 있는 남성들(B)
6:8-14	흩어진 왕국(A)

7:1-9:15 여호와 하나님: 심판과 희망

7:1-6	장차 도래하지 않을 참사(A)
7:7-9	차별적인 심판(B)
7:10-17	피할 수 없는 말씀(C)
8:1-14	"그 날에"(D)
9:1-6	피할 수 없는 심판(C)
9:7-10	차별적인 심판(B)
9:11-15	장차 도래할 희망(A)

이사야

구약의 선지자들을 이해하는 데 있어서 큰 장애물은 바로 생소함이다. 열심히 읽고 또 읽는 길만이 이해의 자리로 나아갈 수 있는 방법이다. 이제부터 살펴보겠지만, 엄청난 분량을 차지하는 '대선지서'를 파악할 수 있는 방법 또한 그 길밖에 없다. 단지 더 많은 시간이 걸릴 뿐이다!

이사야서를 읽는 가장 확실한 방법을 한 가지 제안하자면 다음과 같다. 이사야가 선지자로 부르심을 받는 장면이 6장에 등장하기 때문에, 1-5장은 이사야서의 '서문'에 해당한다. 따라서 이 부분은 앞으로 이어질 예언에 대한 배경과 분위기를 조성하는 내용이라고 말할 수 있다.

우리의 옛 친구인 이사야는 다음 단원을 '수미쌍관법'으로 처리한다. 즉 6장은 죄인이 구원을 어떻게 발견했는지 그 방법을 기록하고 있고, 12장은 전체 공동체가 구원의 우물에서 물 긷는 장면을 묘사한다.

다음에 이어지는 내용은 세 개의 세부 단원으로 이루어져 있다. 처음 두 단원(13-20장, 21-23장)은 이사야가 전한 메시지로 밝혀진 반면, 셋째 단원(24-27장)은 조사해본 결과 다섯 개 단락으로 이루어져 있지만 누가 전한 메시지인지 전혀 언급이 없다. 이것은 마치 이사야가 자신이 알고 있는 세상의 형세(13-20장)를 탐구하는 것부터 시작해, 자신이 아리송한 제목을 붙인 좀더 모호한 미래(21-23장)를 탐구하고, 마침내 두 성읍이 긴장 속에 처해 있는 종말의 미래(24-27장)를 탐구하는 것처럼 보인다. 여기서 두 성읍은, 하나의 세상을 창조하려는 인간의 시도로 세워졌지만 결국 이사야의 표현대로 "약탈을 당한 성읍"(24:10)이 된 국제적인 도시와 여호와를 신뢰하는 사람들이 안전하게 거하고 있는 구원의 "견고한 성읍"(26:1)을 각각 가리킨다.

계속해서 이사야는 다음 단원(28-35장)을, 각성을 촉구하는 단어인 "화 있을진저"라는 말을 여섯 차례 사용하여(28:1; 29:15; 30:1; 31:1; 33:1) 구분하고 있다.

36-39장은 회고와 전망이라는 두 개의 역사적인 '구획'으로 이루어져 있다. 먼저 36-37장은 이사야의 사역을 통해 방금 해결된 사건을 회고하면서, 여호와의 사자가 아시리아 군대를 크게 전멸시킨 사건(37:36)을 기록한다. 이어서 38-39장은 히스기야의 심각한 죄를 자세히 언급한 후, 바벨론에 포로로 잡혀갈 일을 예고하며 앞날을 전망한다.

40-48장에서 이사야는 바벨론에 포로로 잡혀간 자기 백성에 대한 환상을 보며, 그들이 고향으로 돌아올 것을 예언한다. 그러나 48장 20-22절에 비추어볼 때, 그들은 하나님과 화해했지만 여전히 해결되지 못한 죄 문제를 안고 고국으로 돌아온다.

이 문제에 대한 해결은 이제 '여호와의 종'에게 과제로 주어진다(49:5). 그분은 동시에 "나(여호와)의 구원을 베풀어서 땅끝까지 이르게" 할 과제도 가지고 있다(49:6). 이 두 가지 과제가 그 종의 대속적인 죽음으로 실제로 성취된다(52:12-53:12)는 소식은 먼저 시온에(54장) 그리고 이어서 전 세계에(55장) 선포되며, 이들에게 값없이 제공되는 자유로운 구원으로 나아오라고 요청한다.

이사야서의 마지막 부분(56-66장)은 여전히 구원을 기다리는 여호와의 백성에 대한 환상(56:1)으로 채워져 있다. 이것이 처음 들을 때는 생소하게 들린다. 마치 이사야 53장의 구속 사역이 아직 이루어지지 않았다는 말처럼 들리지 않는가! 그런데 이것은 우리가 정확하게 어떤 상황에 처해 있는지를 상기시킨다. 예수님은 실제로 죄에 대한 대속을 영원히 제공하셨다(히 10:12). 그러나 우리는 여전히 예수님이 다시 오실 때 이루어질 구원의 완성을 기다린다. 이사야는 이것을 기름부음 받은 정복자의 강림과 사역으로 예견하면서(59:20-21; 61:10-62:7; 63:1-6), 그때가 되면 새 하늘과 새 땅이 펼쳐질 것을 내다보았다(65:17-25).

지면관계상 이사야서의 내용을 더 이상 살펴보기는 어렵다. 그러나 간절히 바라기는, 지금까지 살펴본 내용이 하나님 말씀의 비밀을 만날 때까지 그 말씀을 읽고 또 읽는 즐거운 작업을 할 수 있도록 당신에게 충분한 동기부여가 되었으면 한다.

시편

구약의 다른 어떤 책보다도 시편은 읽고 또 읽을 가치가 있을 뿐 아니라 분석에까지 도전해볼 만하다. 시편은 하나님의 영감은 말할 것도 없고, 탁월한 재능을 가진 시인들의 계획하에 이루어진 산물이다. 바울의 서신과 마찬가지로, 시편은 감성의 분출과 지성의 주도면밀한 계획이 합쳐져 완성되었다. 시인은 성령의 영감을 받아 자신의 생각을 표현하였다. 우리 역시 이런 시인의 생각을 함축하고 있는 구조와 계획을 시편에서 발견할 수 있을 것으로 기대해도 좋다.

핵심 사상

시편 구조의 사례를 연구하기에 앞서 전체적으로 시편을 살펴보는 일도 유익할 것이다. 시편은 성경에서 가장 긴 책일 뿐 아니라 가장 다양한 내용을 담고 있다. 다양하고 복잡한 모든 삶이 여기에 펼쳐진다. 그런데 이 모든 다양성이 하나의 주제 아래 모아질 수 있다. 그 주제는 바로 '여호와께로 가져가라'이다. 당신도 알다시피 거울을 가져다가 태양 쪽으로 각도를 꺾으면, 태양빛이 반사되면서 어두운 구석을 환하게 비추거나 어디든 다른 곳을 비출 수 있지 않은가? 시편은 우리의 삶에 있어 각도를 조절하는 법을 가르쳐준다. 그렇게 함으로써 삶의 '각도'를 확실하게 조절해 모든 것이 곧바로 하나님의 임재 안으로 전달되도록 할 뿐 아니라, 그분에게 어울리는 상황으로 전환되게 한다.

도움이 될 만한 예를 들어보겠다. 나는 더블린에서 성장했기에, 우리 학교 지도책의 첫 페이지에는 당연히 아일랜드 지도가 자리잡고 있었다. 그 바로 뒤에는 동일한 크기의 지면 위에 다름 아닌 호주 지도가 그려져 있었다! 크기에 대한 오해를 피하기 위해 호주 지도가 그려진 페이지의 오른쪽 하단에 우표만 한 작은 크기로 '동일한 축적으로 그려진 아일랜드'가 그려져 있었다. 그래서 두 나라를 제대로 된 비율로 비교해서 볼 수 있게 해놓았다! 아일랜드와 호주, 이 두 나라를 동일한 크기의 지면에 그려놓을 수는 있지만, 그렇다고 동일한 크기가 될 수는 없지 않은가!

이렇게 가정해보자. 지도를 편집한 사람들이 다른 방법을 이용해 동일하게 두 나라를 비교한 결과를 보여주기로 결정했다 치자. 그래서 이번에는 아일랜드 지도에 호주 지도를 동일한 축적으로 붙여넣기로 결정했다. 그랬더니 호주 지도를 보려면 접고 접고 접고 또 접은 것을 다 펼쳐야 했다. 호주의 거대함과 비교되는 아일랜드의 왜소함이란! 어쨌거나 이것이 바로 시편이 하고 있는 바로 그 일이다. 다시 말해 시편은 하나님의 위대하심을 제대로 이해할 수 있도록 우리의 상황과 나란히 비교해 놓음으로써, 우리가 정확한 비율로 올바로 알 수 있게 해준다.

즐겨 부르던 옛 찬송가에 이런 가사가 있다. "네 눈을 주님께 돌려 주님의 놀라운 얼굴을 온전히 바라보라. 주님의 영광과 은혜의 빛 안에서 세상의 모든 것들이 신기하게도 작아지리." 여기서 '신기하게도 작아진다'는 말은 세상 모든 것들의 진짜 모습이 드러나게 된다는 뜻이다. 이것이 바로 시편이 감당하는 역할이다. 시편은 모든 것을 여호와께로 가져가라고 가르침으로써 그 역할을 감당한다. 예컨대 시편 88편은 가장 심각한 고난이 한순간도 멈추지 않고 계속되면서, 어떻게 새로운 형태를 취하게 되는지 보여준다. 바로 우리가 '동일한 축적으로 그려진 하나님'을 볼 때 그 일이 일어난다! 시편 105편과 106편도 역사의 과정에서 겪는 경험을 비교함으로써 동일한 교훈을 준다.

시편 124편

시편 124편의 개요를 살펴보자. 본 시편을 주의 깊게 읽다보면 1-2절, 6절, 그리고 8절에 각각 등장하는 여호와 하나님에 관한 세 가지 주장이, 이 시의 '뼈대'를 이룸을 보게 된다.

그 주장을 각각 살펴보면 다음과 같다. 여호와는 우리 편에 계신다(1-2절), 여호와는 우리의 구원자셨다(6절), 여호와는 우리의 도움이시다(8절). 첫째와 셋째 주장은 불변하는 사실을 진술하고, 둘째 주장은 특별한 구원 사건을 회상한다.

이 뼈대 사이에 여호와의 임재와 구원을 보여주었던 위험한 상황들이 그림처럼 묘사되고 있다. 3절에는 노여움에서 비롯된 대격변이, 4-5절에는 홍수가, 6절에는 굶주린 야수가, 7절에는 올무를 놓는 사냥꾼이 각각 그려진다. 이 시편의 끝은 경쾌한 목소리로 마무리된다. 위험이 끝났을 뿐 아니라 다시 재발하지 않을 것이라고, 무엇보다 올무 그 자체가 끊어졌다고!

시편 124편의 뼈대와 위험한 상황

여호와 대격변 홍수 **여호와** 굶주린 야수 사냥꾼 **여호와**

시편 100편

시편 100편은 시편 124편과 비슷한 배치로 이루어져 있다. 실제로 본 시편에는 여호와에 관한 두 가지 진술이 등장한다. 3절의 "여호와가 우리 하나님"이라는 진술과 5절의 "여호와는 선하시니"라는 진술이다. 각각의 진술 뒤에는 그에 대한 상세한 부연설명이 나온다. 3절에서는 "그는 우리를 지으신 이요 우리는 그의 것이니 그의 백성이요 그의 기르시는 양이로다"라는 설명이 나오고, 5절에서는 "그의 인자하심이 영원하고 그의 성실하심이 대대에 이르리로다"라는 부연설명이 이어진다. 그런가 하면 각각의 진술 앞에는 여호와께 나아와 그분을 경배하라는 요청이 삼중적인 표현으로 등장한다. 1-2절에는 "부를지어다 … 섬기며 … 나아갈지어다"라는 요청이 나오고, 4절에는 "들어가며 … 감사하며 … 송축할지어다"라는 요청이 등장한다. 특히 시편 100편은 일단 그 구조를 파악하면, 의미와 의도를 알 수 있다는 사실을 분명하게 증명한다.

시편 121편

시편 121편은 흥미로운 연구대상이다. 먼저 한 단어(히, 샤말)가 여섯 번이나 등장한다. 안타깝게도 NKJV 성경은 이 단어를 영어로 번역할 때 여러 단어를 섞어 사용하는 바람에 엉망으로 만들어버렸다. 3, 4, 5절에서는 'keep'으로, 7절과 8절에서는 'preserve'로 번역했다(처음부터 끝까지 'keep'으로 번역한 대표적인 영어성경으로는 RV 성경과 ESV 성경이 있다). 이 단어는 본 시편의 주제가 무엇인지 확실하게 보여준다. 바로 '지키시는 여호와'다.

그러나 본 시편에서 계속 지켜주신다는 사상을 찾기 위해서는 강조점이 변하는 지점을 밝혀내야 한다.

1-2절에서 여호와 하나님이 창조주 하나님으로 언급되고 있다. 그리고 3-4절에서는 하나님이 지키시는 대상으로 예상치 못한 '이스라엘'이 언급된다. 이스라엘은 양의 피로 구원받은 공동체의 장자를 가리키는 이름이며(출 4:22), 따라서 이제 우리는 하나님을 구원자로 생각하게 된다. 그러나 5-6절에서는 지키시는 여호와가 우리의 동반자가 되어, 낮의 해라는 실제적인 위험과 밤의 달이라는 상상의 위험, 즉 우리가 실제로 겪는 위험이든 상상으로 겪는 상황이든 모든 위험에서부터 우리를 지키기 위해 그 위험들과 우리 사이에 서 계신다. 이렇듯 창조주, 구원자 그리고 동반자라는 세 가지 신학사상이 절정을 향해 나아간다(7-8절). 그 하나님 여호와께서는 모든 환난에서 지키실 뿐 아니라(7절 상), 우리 영혼을 지키시고(7절 하), 모든 활동을 지키시며(8절 상), 지금부터 영원까지 지켜주신다(8절 하).

시편 구조에 관한 더 많은 사례는 「뉴 바이블 주석」 시리즈에 포함된 알렉 모티어의 "시편"에서 찾아볼 수 있다. "알파벳과 저주"에 관한 더욱 자세한 정보도 그 책을 참고하라.

알파벳과 저주

알파벳 시편(Alphabetic Psalms, 혹은 답관체 시편)이란 이어지는 각 절의 첫 글자를 히브리어 알파벳 자음을 순서대로 붙여서 작성한 시의 형식을 말한다. 모든 알파벳 시편들 가운데 백미는 단연 시편 119편이다. 그 시편은 하나의 자음마다 8절씩 배치하여 총 22연 176절로 이루어져 있으며, 각기 다른 제목 아래 '하나님의 말씀'을 표현한다. 지나치게 형식적이고 대단히 인위적인 양식이라고 생각될 수 있지만, 그 시에는 더 깊은 목적이 담겨 있다. 영어식으로 표현하면 A부터 Z까지 자음이 각 연에 차례로 붙어 전체 시를 구성하듯, 히브리어의 경우 '알렙'부터 '타우'까지 자음이 전체 시를 구성한다.

이런 형식을 통해 시편 119편은 다음과 같은 메시지를 전달한다. 한마디로 이 시에는 하나님의 말씀에 관해 A부터 Z까지 우리가 알아야 할 모든 것이 담겨 있다는 뜻이다. 알파벳이 불완전하게 쓰인 경우에는 주석가는 물론이고 심지어 번역가들까지 나서서 '잘못된 부분을 수정하고 모자란 부분을 채우는' 일을 종종 감당한다(시편 145:13에 대한 NIV 성경의 번역이 그 예라고 할 수 있다).*

나는 이것이 잘못이라고 생각한다. 알파벳 형식의 의의를 오해한 데서 비롯된 잘못이다. 주제 자체가 무궁무진하기 때문에 때때로 알파벳이 불완전하게 쓰이는 경우가 있다. 내가 알기로 시편 145편이 그런 경우다. 하나님을 찬양하는 일을 과연 누가 피곤하게 여기겠느냐고 그 시편은 말한다. 시편 9-10편에서는 알파벳 형식을 깨뜨린 구절이 삶 자체의 깨어짐을 반영하고 있다. 시편 34편도 마찬가지다.

이런 추론은 히브리 시의 본질과 일맥상통한다. 시에서는 시인의 의도가 모든 것을 지배하며, 시의 형식은 상황에 맞춰 얼마든지

* 본래 이 시는 각 절의 첫머리가 히브리어 알파벳 순서로 시작되지만, 22개의 알파벳 중에서 열네 번째 글자인 '눈'행이 누락되어 21절이 되었다. 그래서 그리스어 성경인 70인역과 그것에 바탕을 둔 여러 역본이 누락된 한 절을 채워넣었고, 이 전통에 따라 NIV 성경도 13절 뒤에 "The LORD is trustworthy in all he promises and faithful in all he does"(주님은 모든 약속에 신실하시고, 행하시는 모든 일들에 성실하십니다)라는 구절을 덧붙여 사실상 22개의 구절로 만들었다. 한글 성경의 경우에도 개역개정역은 '눈'행을 생략하고 있지만, 새번역은 괄호 안에 "주님이 하시는 말씀은 모두 다 진실하고, 그 모든 업적에는 사랑이 담겨 있다"는 구절을 첨부하고 있다. -역주

유동적으로 사용될 수 있다.

시편에는 우리에게 큰 충격을 주는 부분이 아주 많은데, 다름 아니라 다른 사람을 저주하는 형식으로 표현한 부분이다. 이런 시들을 일컬어 '저주시'라고 부르며, 대표적인 예로 시편 69편과 109편을 들 수 있다. 주석은 이런 저주를 단순히 '구약의 도덕성'을 보여주는 사례로 일축해버리기 일쑤며, 그리스도 안에서 주어진 하나님의 고상한 계시에 의해 폭로되고 규탄받아야 할 대상 정도로 여긴다. 그러나 이것은 그야말로 어설픈 생각이 아닐 수 없다. 시편 139편은 '저주'를 담은 수많은 시편 중 대표적인 시라고 할 수 있다. 그런데 그 시에는 고상한 신학을 보여주는 확실한 증거가 담겨 있을 뿐 아니라, 정직함을 통해 우리가 하나님을 경외하는 자리에 서게 된다는 고상한 영성을 보여주는 증거까지도 확실하게 노래하고 있다. 저주시는 매우 방대한 주제이기 때문에 여기서 모두 다룰 수는 없고, 다만 그 시를 이해하는 데 필요한 몇 가지 핵심만 제시하고자 한다.

첫째, 모든 저주는 하나님께 드리는 기도로 표현되고 있다. 이것은 원수의 머리에 퍼붓는 욕설이나 악담이 아니다. '여호와께로 가져가라'는 명령을 수행하는 또 다른 방식일 뿐이다. 한마디로 "여호와께로 가져가서 거기 두라"(참조. 롬 12:19).

둘째, 모든 저주는 어디까지나 기도일 뿐이지 감춰진 행동계획이 아니다. 저주에 대해 다른 이상한 결론을 이끌어내는 것은 잘못이다. 이를테면, 구약에서 철저히 금지하고 있는 종류의 복수(레 19:17-18)를 준비하는 기도라는 식의 결론이 거기에 해당한다. 또 시편의 저자들이 저주기도를 하나의 형식으로 만들어 복수심과 적대감 같은 감정을 그 속에 이입하고 있다고 추측해서도 안 된다. 물론 내가(혹은 어쩌면 당신이) 그런 생각을 말로 표현한다면, 그와 동일한 복수심과 적대감의 감정 표현이 됐을지도 모른다. 그래서 다윗이 시편 139편을 글로 썼을 때 일종의 죄악 된 증오심을 마음에 품었다고 생각한다면, 그것은 전적으로 옳지 않다. 저주는 어디까지나 "분을 내어도 죄를 짓지 말라"(엡 4:26)는 말씀에 입각하여 분노를 표현한 것일 뿐이다.

시편 137편 8-9절(이 구절은 저주가 아니라 진술이다)과 관련된 문제는 번역상의 문제다.

"멸망할 딸 바벨론아 네가 우리에게 행한 대로 네게 갚는 자가 복이 있으리로다 네 어린 것들을 바위에 메어치는 자는 복이 있으리로다"
여기서 "복이 있으리로다"(NKJV 성경에는 "happy"로, ESV 성경에는 "blessed"로 번역되었다)라는 단어를 성구사전에서 찾아 연구해보라. 문맥으로 볼 때 그 단어의 원어인 히브리어 '아쉬레이'(*ashrey*)는 (하나님의 축복에 관한 문맥에서는) '복이 있다'를 의미할 수도 있고, (성취나 만족을 뜻하는 문맥에서는) '행복하다'를 의미할 수도 있다. 또 (주어진 상황에서 올바른 일을 할 경우에는) '옳다'라는 뜻으로 번역될 수도 있다. 이 가운데서 시편 137편에 어울리는 번역은 마지막 경우다. 즉 그런 행위 자체를 옳다고 묘사한다는 뜻이 아니라, 도덕적인 보응의 차원에서 행하는 '옳은' 일을 묘사한 것이다.

셋째, 신명기 19장 15-21절을 읽어보라. 어떤 사람이 악의적으로 고소했는데 그것이 거짓으로 판명될 경우, 하나님의 법에 따르면 고소당한 사람이 받을 처벌을 거짓 고소한 사람에게 내리라고 되어 있다. 시편의 저주는 바로 이런 정의의 원리를 표현한 것이며, 그에 따른 처벌의 실행을 요구한다.

하나님과의 친밀한 동행

이 단락의 제목인 "하나님과의 친밀한 동행"은 윌리엄 쿠퍼(William Cowper)가 지은 사랑받는 찬송가 "O for a closer walk with

God"(오, 하나님과의 더욱 친밀한 동행을 위해)에서 따온 것이다. 이 제목은 하나님의 모든 자녀들이 마음속 가장 깊은 곳에 간직한 열망과 일치하지 않는가! 그들이 참된 삶을 살도록 돕는 가장 실제적인 방법이 있다면 다름 아닌 시편에 깊이 몰두하게 하는 것이다. 이보다 더 좋은 방법은 없는 것 같다.

13 구약과 신약을 이어주는 다리

구약은 여호와 하나님이 유일한 하나님임을 보여주는 확실한 두 가지 증거를 제시한다. 창조 사역과 예언 성취가 그것이다. 시편 96편 5절은 창조 사역에 대한 증거를 보여주는 대표적인 예다. "만국의 모든 신들은 우상들이지만 여호와께서는 하늘을 지으셨음이로다" 여기서 "신들"을 가리키는 히브리어로는 '엘로힘'(*elohim*)을 사용하고, '우상'은 '엘리림'(*'elilim*)이라는 단어를 사용함으로써, 일종의 언어유희를 보여주고 있다. 엘로힘을 엘리림으로 표현한 것은 실체를 모방하려고 시도한 일종의 속임수인데, 과연 누가 여기에 속겠는가! 반면 '여호와께서는 하늘을 지으셨다'고 말하는데, 그 히브리어 문장이 의도한 강조점을 부각시켜 표현한다면 '할 수 있으면 어디 덤벼봐!'라고 말하는 것과 다름없다.

이사야의 가르침

예언 성취에 대한 주장은 이사야서의 특징이다. 40-48장에서 이사야는 자기 백성들이 바벨론에 포로로 잡혀가는 환상을 보지만, 깜짝 놀랄 만한 구원을 통해 고국으로 돌아올 것을 예언한다. 그 일이 벌어지게 될 모습을 다음과 같이 예견했다.

고레스라는 참신한 정복자가 파죽지세로 밀어붙이며 자기 길을 가는데, 그는 여호와께서 세우신 자라는 것이다(41:2-4). 논리적으로 생각하면, 이것이 포로 된 백성에게는 나쁜 소식일 수도 있었다. 그들은 매우 무기력해 바벨론 세력에 저항할 힘조차 없었다. 하물며 이런 강력한 정복자에게 무슨 승산이 있겠는가? 이사야는 이에 대해 '걱정하지 말라'고 조언한다. 이 강력한 정복자는 여호와의 계획에 따른 인물이며, 실제로 그는 "기름부음 받은" 자였기 때문이다(45:1).

다시 말해, 그는 여호와께서 그에게 부여하신 사명을 위해 준비

되고 힘을 부여받은 존재였다. 그가 맡은 사명이란 포로들을 고향으로 돌려보내고 여호와의 성을 재건하는 일이었다(45:13). 여호와께서는 선지자를 통해 심지어 이렇게까지 말씀하셨다. 고레스가 일련의 사건을 깊이 묵상했다면 여호와가 하나님이심을 알았을 것이고(45:3), 마찬가지로 일련의 사건을 묵상하는 사람이라면 누구나 여호와가 하나님이라는 동일한 결론에 이르게 될 것이라고 말씀하셨다(45:6). 이사야 44장 21절-45장 13절을 유심히 읽어보라.

물론 모든 일이 고레스에게 벌어졌던 것과 똑같이 이루어지지는 않았던 것 같다. 고레스가 바벨론에 도착했을 때, 모든 제사장들은 자신이 섬기던 신에게 동일한 것을 요구하고 있었다. 바벨론의 함락과 페르시아 침략의 배후에는 이 '신' 혹은 저 '신'이 있었다. 군인에서 정치인으로 변신한 다른 많은 군인들처럼, 고레스도 자기 손에 있는 칼을 내려놓고 유창한 언변을 무기로 삼아야 한다고 느꼈던 것 같다! 고레스 왕의 실린더(Cyrus Cylinder)로 알려진 원통형 비문에서, 그는 마르둑(Marduk) 신에게 자신의 승리를 돌리고 있다. 반면 에스라 1장 2절에서는 그가 여호와께 승리를 돌렸다고 말한다. 모두 이겼으니 모든 신이 상을 받을 만했다. 그렇지만 이사야는 주장하기를, 오직 하나님 한 분만이 일이 벌어지기 이전부터 모든 것을 알고 계시는 지혜로운 분이요, 오직 여호와만이 자신의 말씀을 예언하고 성취하신 분이므로, 따라서 오직 여호와만 하나님이라고 했다.

신들에 대한 비교

여호와가 유일한 하나님이라는 이사야의 논쟁은 이사야 41장 2-7절에 나오는 대조적인 내용에서부터 시작한다. 먼저 2-4절에서 이사야는 위대한 정복자의 출현을 예고하는데, 이때까지는 이름을 밝히고 있지 않다. 그러나 그는 여호와께서 세우신 자요, 그의 승리의 업적은 여호와께서 특별히 관리하고 계셨으며, 그의 성취는 곧 여호와의 성취였다. 다시 말해 역사의 과정을 시작하고 조절하고 결정하는 신이 존재하고 있으며, 요점만 말하면 그 신은 일이 벌어지기 전부터 모든 것을 아시는 지혜로운 분이다. 이제 이방의 상황을 비교해서 살펴보라(5-7절). 한마디로 우상을 만드는 데 광분하고 있다. 그들은 그 우상이 다가오는 위협에서 지켜줄 피난처가 될 것으로 믿었다. 그러나 '우상들'은 일이 터지고 난 뒤에야 깨닫는 어리석은 존재다. 그들은 사람이 만든 임시방편에 불과하며, 그것을 만든 재료와 마찬가지로 죽어 있는 존재라서 전혀 활력이 없기 때문에, 못으로 단단히 박아 고정시키지 않으면 흔들리다 넘어지고 말 것이다!(7절).

이사야 41장 1-7절

- 논쟁의 자리로 초대(1절)
- 확정된 질문(2-3절)
- 일이 벌어지기 이전부터 모든 것을 아시는 지혜로운 하나님(4절)
- 일이 터지고 난 뒤에야 깨닫는 어리석은 우상(5-7절)

또 44장 6-20절에 나오는 이사야의 뛰어난 풍자적인 설명도 읽어보라. 좀더 지적 수준이 높은 이방 종교에서, 우상에 대한 생각이 단순히 물질적인 인공물을 넘어 그것이 대변한다고 생각하는 '영적' 실체를 가리키는 것을 의미할 가능성도 물론 있다. 마치 오늘날 거대한 우상의 형상 앞에서 신에 대한 존재감을 쉽게 느낄 수 있는 것과 같은 이치라고나 할까. 그러나 구약의 나머지 부분과 마찬가지로 이사야는 이것을 전혀 인정하지 않는다. 그가 볼 때 이교도들은 눈이 멀어서 나무와 돌에 절한다. 우상이 발휘하는 유일한 '힘'은, 우리가 자신이 섬기는 신처럼 된다는 생각을 하게 만드는 것이다(사 44:20; 시 115:8).

결정적인 차이점

이사야는 41장 21-24절에서 그의 가장 전형적인 모습을 보여주고 있다. 이 본문에서 하나님은 거짓 우상들에게 진짜 신인지 증명해 보이라고 도전하면서, 이와 관련된 테스트를 제안하신다. 그 우상들은 예언하고, 또 예언한 내용을 성취할 능력이 있는가? 이사야는 예언과 예고를 다룰 뿐 아니라 성취를 그것만큼이나 중요하게 다룬다. 성취야말로 진짜이신 하나님이 자신이 진짜임을 증명하는 방법이기 때문이다. 그래서 하나님은 우상에게도 '확실한 증거를 보이라'고 도전하신다. 즉 증명이 가능한지의 여부에 도전하셨다. 그렇다면 우상들은 우리에게 증거를 보여줄 능력이 있는가? 22절에서 "장차 당할 일을 우리에게 진술하라 또 이전 일이 어떠한 것도 알게 하라"고 말씀하시는데, 우상은 실제로 장차 일어날 일을 예언할 능력이 있는가?

오늘날 많은 사람이 믿고 있는 것처럼, 이사야 40장부터 55장이 이사야가 쓴 것이 아니라 그가 말한 사건을 바벨론에서 거주하며 직접 겪었던 '제2의 이사야'가 쓴 작품이라면, 그는 '순수한 예언'에 바탕을 둔 주장을 감히 사용할 엄두조차 내지 못했을 것이다. 그렇다면 그는 예언자가 아니라 당시의 정세를 평가한 신랄한 정치평론가라고 불러야 하지 않을까! 그러나 '순수한 예언'에 근거한 주장이 얼마나 강력한지 생각해 보라. 특히 이 단락은 포로 이전 시대인 먼 과거에 쓰인 내용이기에 더욱 그렇지 않겠는가! 그랬을 때 포로로 잡혀온 사람들에게 얼마나 큰 위로와 확신을 주었겠는가!

22절 중반절은 예언에 대한 해석을 요구한다. 이미 일어난 일을 깊이 생각하고, 사건의 흐름을 해석하며, 그 경향과 결과를 분별하는 것은 모두 가능하다. 이것은 결코 영적인 문제가 아니다. 오히려 명석함이나 정신적인 능력에 대한 증거이거나 역사에 대한 분별력과 이해력의 증거일 수 있다. 그러나 그것은 여전히 예언에 해당하며, 바로 이런 차원에서 우상들은 실패한다.

22절 하반절부터 23절 상반절을 보면, 여호와께서는 이사야를 통해 "앞으로 올 일을 듣게 하며"라는 말로 순수한 예언을 요구하신다. 한마디로 앞으로 일어날 일을 말하라는 것이다!

이사야의 결정적인 한 방은 23절 중반절에 등장한다. 우상들이 해석능력이든 순수한 예지능력이든 둘 중 하나를 통해 예언할 능력이 없음을 알고, 그들에 대한 고소가 다음과 같이 이어진다. 뭐든 한번 해보라. 뭐든 활동한 흔적을 보여보라. 원하는 대로 적을 수 있는 백지수표를 가져와보라! 우상은 그것을 만든 재료와 마찬가지로 죽은 존재들이다.

여호와와 우상들이 서로 신성에 대한 증거를 제시하며 법정공방을 벌이는 장면을 충실하게 묘사한 이사야는, 우리에게 법정의 평결을 들을 수 있도록 허락한다.

먼저 우상에 대한 평결(24절)이다. 우상의 존재는 '아무것도 아니다.' 우상들이 했다고 여겨지는 활동은 '허망하다.' 신성에 대한 우상들의 주장은 가짜고 근거가 없으며 그것을 반박할 증거도 없다. 그렇다면 반대로 여호와는 어떠한가? 그분은 역사의 주인이시다(25절). 모든 것을 주도하신다(26절 상). 따라서 평결은 그분의 손을 들어줄 수밖에 없었다. 그분이 옳다!

이사야 41장 22-24절

- 제시된 주제: 예언 능력(22절 상)
- 예언의 요소: 장차 도래할 사건의 의미와 결과(22절 중)
  완벽하고 확실한 예언(22절 하)
- 의의: 정체성을 증명(23절)
- 결과: 24절
  25-26절

그것이 바로 여호와에 대한 이사야의 주장이다. 그분은 처음부터 거기 계시면서, 자신의 역사적 목적을 이루기 위한 첫 동작을 취하고 계셨다. 역사의 흐름이 종종 우리 눈에는 무의미한 범람처럼 보이기도 하지만, 그 역사에 등장하는 배우들과 활동 그리고 각종 움직임과 분쟁은 모두 하나님의 목적을 위해 철저히 준비된 무대다.

여호와는 그런 흐름 속에 계시면서 각각의 사건이 정확한 시간에 맞춰 제 역할을 하게 하시며, 각각의 '배우'가 감독의 '큐' 사인과 함께 등장하고, 모든 것이 하나님의 계획에 맞춰 완벽하게 통합

되게 하시므로, 그 거룩한 계획이 지연되거나 방향이 틀어지도록 방해하는 것은 아무것도 없다. 그리고 하나님은 처음부터 거기 계셨으며, 그 과정을 철저히 감독하셨고, 그분이 뜻하고 예언했던 바가 그분의 시간에 맞춰 성취되도록 확실하게 보장하기 위해 끝까지 거기 계신다(갈 4:4). 그와 같은 하나님이 진짜 신이 아닌가! "나는 처음이요 나는 마지막이라" 즉 그분은 영원하신 하나님일 뿐 아니라, "나 여호와라 처음에도 나요 나중 있을 자에게도 내가 곧 그니라"고 말씀하시며 역사의 성취와 완성을 이루시고 사람과 사건을 주권적으로 주관하시어 예언된 결실을 맺도록 끝까지 관여하신다.

구약과 신약을 이어주는 다리를 건너

구약의 예언이 신약에서 성취된 증거가 풍성하다는 사실을 생각할 때, 우리는 이것을 대대적으로 받아들여야 한다. 얼마나 위대하신 하나님인가! 그분의 신성한 모습과 주권 그리고 권세가 얼마나 대단한가! 그런 하나님이야말로 우리가 충분히 찬양할 분이요, 모든 것을 품는 '광대하심'을 지닌 분이라고 말할 수 있지 않겠는가!

진짜로 하나님이 신이시다!

신약에서 우리는 다섯 가지 주목할 만한 성취의 방향을 발견하게 된다.

순종의 성취

이것을 설명하는 가장 간단하면서도 가장 대단한 방법은, 주 예수님이 성경에서 '자기 자신을 발견하신' 방법을 떠올려보는 것이다. 예를 들면, 누가는 예수님이 공생애를 시작하신 시점을 언급한 누가복음 4장 14-22절의 사건을 핵심으로 꼽으면서, 특별히 18-19절을 예수님이 선택한 성명서로 우리에게 제시하고자 했다. 우리의 목적상 주목해야 할 가장 중요한 점은, 주님이 선택하신 성경말씀을 읽고 난 후 "이 글이 오늘 너희 귀에 응하였느니라"고 말씀하셨다는 사실이다. 예수님은 구약의 말씀 속에서 자기 자신을 발견하신 것이다. 예수님은 자기 자신과 자신의 역할, 소명 그리고 미래를 성경말씀을 통해 이해하셨다. 나중에 예수님이 "인자는 자기에 대하여 기록된 대로 가거니와"(마 26:24)라고 기꺼이 말씀하실 정도였다. 하나님의 말씀 안에 가야 할 좁은 길이 놓여 있었고, 예수님은 스스로 그 길을 걷기로 선택하셨다. 마태복음 26장 51-54절이 결정적으로 중요한 이유는, 성경말씀이 주님께 요구한다고 여겼던 사항을 직접 성취하기로 결심하신 장면을 보여주는 사례이기 때문이다.

주 예수님이 겟세마네 동산에서 체포되셨을 때, 용감하고 충동적이었던 베드로는 자신의 검을 뽑아 대제사장 종의 귀를 베었다. 내가 꼭 말하고 싶은 것이 있다면, 이것은 이제까지 계속 싸워온 말 그대로 정의로운 전쟁의 일부일 뿐이다. 그리고 이것은 '정의로운 전쟁'을 일으킬 수 있다고 여겨지는 모든 조건을 갖추었다. 그러나 이 전쟁과 관련해 주 예수님은 원칙적으로 말씀하셨다. "나는 그 전쟁과 아무런 상관이 없다. 그러니 네 칼을 도로 칼집에 꽂아라." 그리고 이어서 '정의로운 전쟁'에 관해 말씀하셨다. "칼을 가지는 자는 다 칼로 망하느니라." 그러나 그 말씀이 전부였다. 결정적인 부분은 바로 그 다음에 나온다. "너는 내가 내 아버지께 구하여 지금 열두 군단 더 되는 천사를 보내시게 할 수 없는 줄로 아느냐? 내가 만일 그렇게 하면 이런 일이 있으리라 한 성경이 어떻게 이루어지겠느냐?" 여기서 예수님이 자신과 하나님의 말씀을 어떻게 연결시키고 있는지 보이는가? 만약 우리가 주 예수 그리스도를 따른다면, 최고의 성경적인 인물을 따르고 있는 것이다. 성경에 사로잡혀 있다는 생각을 부끄러워하지 말라. 성경말씀 존중하는 것을 절대 부끄러워하지 말라. 지금 당신은 예수님의 발자취를 따르고 있다. 예수님은 자신을 하나님 말씀에 철저히 연결시켰을 뿐 아니라, 자신에 대해 성경이 기록한 내용을 성취하기 위해 철저히 순종의 길을 가셨다.

예언에 대한 주님의 '순종의 성취'를 보여주는 또 하나의 감동적인 사례가 요한복음 19장 28절에 등장한다. 십자가 위에서 예수님은 "내가 목마르다"고 말씀하셨다. 내가 알기로는, 극심한 갈증을 동반한 탈수증상이 십자가 형벌의 고통 중 하나다. 그러나 요한복음에 따르면, 예수님은 갈증 때문에 목마르다고 말씀하신 것이 아니라 "성경을 응하게 하려 하사" 그렇게 말씀하셨다. 예수님이 십자가에서 자신의 방대한 기억을 검색하면서, '성경에서 성취하라고 요구한 모든 것을 내가 정말로 다 성취했나?' 하고 살폈다고 생각한다면 과연 무리일까? 시편 22편 15절에 근거하여, 예수님은 "성경을 응하게 하려 하사 이르시되 내가 목마르다"고 말씀하셨다. 주 예수님은 성경말씀 속에서 자기 자신을 발견했고, 그것에 순종함으로 성경의 예언을 성취하기 위해 열심을 다하셨다.

정황에 따른 성취

두 번째로, 정황에 따른 성취가 있다. 말하자면 관련된 사람들이 하나님의 말씀을 알았기 때문에 그 말씀을 성취한 것이 아니라, 하나님 말씀의 살아 있는 효력을 통해 그 말씀이 사람들의 행동을 지배하고 있었기에 말씀이 성취되었다는 뜻이다. 요한복음 19장 23절을 생각해보라. 그리스도의 십자가 앞에 있던 군인들은 모두 자신도 알지 못하는 사이에 성경말씀을 성취했다. "(그들이) 내 겉옷을 나누며 속옷을 제비 뽑나이다"(시 22:18)라는 말씀을 그들이 알고 있었겠는가? 그러나 그들이 한 행동은 정확하게 그 말씀과 일치하지 않았는가! 그들이 성경말씀을 알았기 때문이 아니라, 성경말씀이 그들을 지배했기 때문에 그렇게 된 것이다. 관습에 따르면, 그들은 사실상 자기들이 한 일에 대한 '부수입'을 올리고 있는 셈이었다. 그러나 그 이면에 더 강력한 힘이 작용하고 있었다. 바로 성경말씀이었다. 이 말씀은 폐하지 못하는(요 10:35) 말씀일 뿐 아니라, "이와 같이 헛되이 내게로 되돌아오지 아니하고 나의 기뻐하는 뜻을 이루며 내가 보낸 일에 형통함"(사 55:11)을 이루는 신령한 말씀이다.

이런 정황에 따른 성취와 관련된 또 하나의 강력한 증거가 바로 누가복음 2장 1-7절이다. 왜 요셉과 마리아는 베들레헴으로 올라갔는가? 심지어 마리아가 만삭의 몸이 되어 거동이 불편한 그 시기에, 하필이면 왜 그곳에 갔는지 우리는 묻지 않을 수 없다. 직접적인 대답은 당시 황제의 권한을 가진 통치자 가이사 아구스도가 온 세상으로부터 세금을 걷기 위한 법령을 만들었기 때문이다. 그렇다면 왜 가이사 아구스도는 바로 그 시기에 이와 같은 법령을 제정했는가? 우리 손에 있는 성경은 답한다. 메시아가 베들레헴에서 반드시 태어날 것을 미가 선지자가 예언했기 때문이라고(미 5:2). 즉 왕좌에 앉아 있던 가이사조차 자기도 모르는 사이에 하나님의 말씀에 꽉 붙잡혔던 것이다. 성경말씀이 온 세상에, 그리고 세상의 모든 통치자들과 거기 있는 다른 모든 권세자들에게 그 실체와 힘을 발휘한다. 사도행전 4장 27-28절에서 초대 교회는 그것을 이렇게 설명했다. "헤롯과 본디오 빌라도는 이방인과 이스라엘 백성과 합세하여 하나님께서 기름 부으신 거룩한 종 예수를 거슬러 하나님의 권능과 뜻대로 이루려고 예정하신 그것을 행하려고 이 성에 모였나이다"

예상에 의한 성취

물론 '예상에 의한'(proleptic)이라는 말이 흔히 사용하는 표현은 아니다. 그렇지 않은가? 예를 들면 이런 뜻이다. 한참 후에 일어날 일에 비추어서 과거의 일을 말하는 것, 또는 벌어질 일의 미래를 내다보고 과거의 사건을 묘사하는 것, 또는 일이 다 벌어진 뒤에야 비로소 사정을 깨닫고 말하는 것 등을 의미한다. 그래서 우리는 종종 말하기를 "엘리자베스 2세 여왕은 1926년에 태어났다"고 표현하는데, 엄밀히 말하면 "한 소녀가 1926년에 태어났는데, 나중에 엘리자베스 2세 여왕이 되었다"고 해야 맞다. 이렇듯 앞으로 다가올 사건 앞에는 미리 그 사건을 예고하는 그림자가 드리워져 있다. 그것을 가리켜 '예상에 의한'이라고 표현한다.

다르게 생각하는 사람들도 있겠지만, 나는 마태복음 2장 14-15절을 이해하는 데 이보다 더 좋은 방법이 없다고 생각한다. 마태는 "애굽으로부터 내 아들을 불렀다"는 호세아 선지자의 말을 인용하면서, 예수님이 이집트에 머물던 시기와 다시 고국으로 돌아오는 일련의 과정을 이 말씀에 대한 예상의 성취로 보고 있다. 그러나 호세아는 호세아서에서 이스라엘이 이집트에서부터 구원받은 출애굽 사건을 회고하면서 이 말씀을 하고 있다(호 11:1).

다시 말해서 그것은 일종의 예고(prolepsis)인 셈이다. 이스라엘이 이집트에서 벗어나는 사건이 다가올 예수님의 사건에 대해 그림자 역할을 한 것이다. 한마디로 예수님에 대한 예시였다. 이것은 기가 막힐 정도로 신기할 뿐 아니라 믿기 어려울 만큼 놀랍다. 왜 이스라엘이 이집트로 내려갔다가 다시 이집트에서 나오게 되었는가? 궁극적으로 그 이유는 바로 예수님에게 일어날 일을 미리 보여주기 위함이다. 그 일이 과거 이스라엘 백성에게 일어난 이유는 다름 아닌 미래에 예수님에게 일어날 일이기 때문이다. 그들의 과거 경험이 다가올 메시아가 겪을 경험의 그림자 역할을 했고, 하나님의 말씀은 우리가 전혀 생각지도 못할 방식으로 성취되었다. 실제로 이런 예고라는 특징이 마태의 마음속에 자리 잡았고, 그가 예수님을 소개하는 과정에서 드러났다고 볼 수 있다.

이를테면 출애굽기 4장 22-23절과 병행된 구절에서, 예수님은 이집트에 머물던 하나님의 아들로 묘사된다(마 2:15). 출애굽기 14장에서 이스라엘이 홍해 앞에 이르러 불평했듯이(10-12절), 예수님은 요단강에 이르러 "모든 의를 이루는 것"에 집중하셨다(마 3:13-17). 그런가 하면 광야에서 머물던 이스라엘의 모습은 불평과 원망으로 점철되어 있는 반면(출 15-17장), 광야에 머물던 예수님은 사탄을 만나 그를 정복하셨다(마 4:1-11). 또한 출애굽기 19장과 병행된 구절에서 예수님은 산에 오르셨는데(마 5:1), 이 모습은 중재자 역할을 하던 모세의 전철을 밟은 것이 아니라 자기 백성에게 율법을 전수하시던 하나님의 자리에 앉으신 모습이었다(출 19:18; 20:1).

이와 같이 하나님의 백성이 겪었던 과거 역사가 장차 오실 그분의 그림자로서의 '역할'을 했다는 사실은, 성경 예언의 경이로움을 크게 높여줄 뿐만 아니라 우리 주 예수 그리스도의 위엄과 위대하심을 높이 찬양한다.

설명을 통한 성취

이것은 성취라는 주제의 다른 면들과는 어떤 의미에서 크게 다르다. 그러나 구약과 신약을 연결하는 중요한 요소다. 예를 들면, 앞에서 언급한 '구약의 수수께끼'가 바로 이 경우에 해당한다는 사실을 기억하라. 구약의 수수께끼란 구약에 명백하게 나오는 진리, 쉽게 말하면 구약의 테이블 위에 올라 있지만 그 시점까지도 의미가 파악되지 않아 미래를 기약하던 진리, 그래서 우리가 아는 대로 신약에서 명확하게 밝혀진 진리를 가리킨다.

어떻게 메시아가 '전능하신 하나님'이면서 동시에 아기로 태어나실(사 9:6) 수 있단 말인가? 어떻게 그분이 다윗의 자손이면서 동시에 다윗의 주가 되실(시 110:1) 수 있단 말인가? 이것이 바로 예수님이 바리새인들에게 물었던 질문이다(눅 20:41-44). 이 질문은 그들을 함정에 빠뜨리려는 질문이 아니라, 성경이 예언한 바를 그들이 똑바로 볼 수 있도록 하기 위한 일종의 시도였다. 그 예언이란 바로 '구약의 메시아에 대한 수수께끼'였다. 이사야 7장 14절은 메시아가 동정녀에게서 탄생하실 것을 진정으로 의미하는가? 과연 그분이 "마른 땅에서 나온 뿌리" 즉 세상적인 방식으로 출생하는 분임과 동시에, "여호와의 팔" 즉 친히 구원하기 위해 오신 하나님(사 53:1-2)이신가?

신약이 이 수수께끼를 푸는 모습을 보면서, '설명을 통한 성취'가 이루어지는 것을 목격하게 된다. 이런 성취의 범주에 속하는 가장 대표적인 말씀이 이사야 53장 9절이다.

문자적으로 그 구절을 직역하면 '그리고 그의 무덤은 악인들과 함께, 그리고 그의 장엄한 죽음에서는 부자와 함께하도록 지정된 자'라는 뜻이다. 여기서 '지정된 자'란 불확정한 상태를 뜻하는 히브리어의 관용어로, '그의 무덤이 지정되었다'라는 수동태로 표현될 수 있다. 또한 '장엄한 죽음'이라는 표현은 구약에 나오는 '장엄의 복수형'(plural of majesty)을 연상시킨다. 즉 '죽음들'이라는 복수형은 수적인 의미의 복수형이 아니라 죽음의 장엄함을 표현하기 위한 복수형이라는 것이다.

그렇다면 '악인들'과 '부자'는 무엇을 의미하는가? 만약 우리가 그 말이 무슨 의미냐고 이사야에게 묻는다면, 그는 확신컨대 "나도 모릅니다. 단지 그 말이 내게 주어졌습니다."라고 대답하지 않을까?

그래서 그 말은 수백 년 동안 아무런 설명 없이 그대로 전해졌고, 마침내 예수님이 두 강도 사이에서 십자가에 달려 죽으신 후 한 부자의 무덤에 장사되었을 때에야 비로소 그 의미가 설명되었다.

본질적인 성취

본질적인 성취는 구약과 신약 사이를 연결해주는 가장 중요한 마지막 국면으로 우리를 인도한다. 나는 원예에 문외한이긴 하지만 여기서 감히 예를 하나 들고자 한다. 바라기는 이 예화가 식물학적으로 옳을 뿐 아니라, 지적인 면에서도 우리가 성경에서 발견한 내용을 정확하게 비춰주었으면 한다.

매년 다시 꽃을 피우는 다년생 식물을 생각해보라. 첫해에는 유아기에 해당하는 꽃들이 피어난다. 이 꽃들은 그 자체로서 완벽하지만 성숙한 꽃, 이를테면 4년생 식물에서 피어난 성숙한 꽃에 비하면 왠지 빈약해 보인다. 그러나 두 꽃은 완벽하게 일치한다. 1년생 꽃에도 다년생 꽃이 지닌 모든 것이 포함되어 있다. 다년생 꽃은 1년생 꽃 속에 있는 완벽함을 비춰주는 거울과 같다. 이것이 바로 신약이 구약을 '성취'하는 방식이다.

제사

구약의 제사에 대한 논의를 통해 이미 이런 종류의 성취를 충분히 설명했다. 구약에서 발견한 원리는 바로 대속의 원리였으며, 제사가 이 원리의 토대가 되었다. 이 원리에 따르면, 제사에 바쳐진 짐승의 완전함('흠 없음')과 대속의 성취, 뿌려진 피의 효력 등은 제사제도 전체의 소위 '고동치는 심장' 즉 핵심이라고 말할 수 있다.

우리가 가진 신약에 비추어 볼 때 그 원리들은 장차 예수님 안에서 완전히 실현될 모습, 즉 완전하게 꽃피우게 될 모습의 초기 단계를 보여준다.

갈보리 언덕에서 일어난 예수님의 죽으심은 그 제사들을 '대신'하는 정도가 아니라, 그것을 완전히 '만개'하게 하는 사건이었다. 한마디로 그 죽음은 제사제도를 완성했다. "죄를 위하여 한 영원한 제사"를 드리심으로 모든 제사제도가 끝이 났다(히 10:12). 마침내 오래전부터 요구되어 왔던 대속의 조건이 하나님의 아들이 드린 자발적인 희생을 통해 만족되었던 것이다. 제사제도를 처음 시작할 때 함축되어 있던 모든 것이 마지막에는 완성에 이르렀다.

하나님의 성

여호와께서 구약의 조상들에게 예루살렘을 "자기의 이름을 두시려고 … 택하신 곳"으로 삼도록 지시하셨고, 그곳이 그들의 종교의식의 중심지가 되게 하셨다(신 12:5). 그 성과 그곳에 있는 여호와의 집은 평화 시에 세계의 중심지가 될 곳이었다(신 12:10-11). 실제로 그 집의 건축은 고난의 시기가 끝났음을 상징할 뿐 아니라 안전과 안식이 시작되었음을 상징했다(삼하 7:10-11). 이런 이상적인 상황은 결코 실현된 적이 없었기에, 모든 축복을 간직한 진정한 하나님의 성은 이스라엘의 희망사항에 속한다는 기대감이 처음부터 발전하게 된 것 같다.

더욱이 다윗의 시대가 다시 돌아올 때(사 1:26), 그리고 어떤 의미에서 다윗이 직접 통치할 때(겔 34:24) 그런 일이 실현되리라는 기대감이 생겨났다. 그런데 그런 기대감이 구약에서 점점 발전할수록 장차 세워질 예루살렘 성은 단순히 지상에 세워지는 어떤 성이 될 가능성이 더욱 커져갔다. 그곳은 여호와께서 창조하실 새 하늘과 새 땅의 핵심이 될 뿐 아니라(사 65:17-18), 세계 모든 나라에서 모여드는 전 세계적인 백성들의 중심지가 될 곳이다. 그곳에서는 사망이 영원히 사라지고 더 이상 눈물이 없을 것이다. 또 여호와의 구원이 우주에 널리 퍼져 완전한 기쁨의 원천이 될 것이다(사 25:6-10). 그 성은 속죄함을 받아 구원을 얻게 된 사람들의 순례의 목적지가 될 것이며(사 35:9-10), 그들은 저 멀리 땅끝에서부터 노래하며 그곳으로 나아올 것이다(사 24:13-16). 여호와께서 친히 그곳을 다스리시며(사 24:23), 가장 적절한 이름을 그 성에 붙여주실 것이다(겔 48:35).

이러한 상황은 신약에서 반복되고 발전된다. 신약은 현실의 예루살렘을 "자녀들과 더불어 종노릇" 하는 곳으로 인식할 뿐 아니라, 같은 시대에 존재하는 실체인 "위에 있는 예루살렘"은 자유인이요, 그리스도 안에 있는 모든 사람들의 "어머니"로 인식한다(갈 4:25-26). 우리는 이미 그 성의 시민이며(빌 3:20), 예수님의 중보와 보혈의 능력을 통해 이미 그곳에 와 있다(히 12:22-24). 그리고 마지막으로 천상의 예루살렘이 있는데, 그곳은 어린양의 신부요, 새 창조의 본질적인 실체요, 어린양의 생명책에 이름이 기록된 사람들의 영원한 고향이다(계 21:9-27).

이렇게 하나님의 성이라는 주제를 성경적으로 훑어가며 살펴보았으니, 처음의 작은 꽃이 나중에 활짝 핀 꽃으로 발전하듯 작게 시작된 주제가 나중에 완전한 주제로 발전한다는 사실을 깨닫지 못할 이유가 어디 있겠는가?

처음 현실에 존재하는 성은 배아같이 미숙한 모습이지만, 성숙해지면 우리가 기다리는 영광스런 하늘의 성의 모습을 띰으로써 진정으로 '축적된' 발전을 이루게 된다. 이것은 단순한 '대체'가 아닌 '실현'이자 완벽한 '성취'라고 말할 수 있다.

약속의 땅

이제 본질적인 성취의 마지막 장면을 보고자 한다. 그것은 바로 하나님의 백성이 거주하고 살게 될 장소에 대한 하나님의 약속이다. 그 약속은 아브람에서 시작하여(창 12:1; 13:14-15), 구약시대를 계속 거쳐 내려오면서 미래에 이루어질 환상적인 기대의 일부가 되었다(예. 겔 36:24). 아직 이루어지지 않은 하나님의 성에 대한 환상과 더불어, 구약에서 약속의 땅에 대한 기대는 확정되지 않고 여러 방면으로 계속 발전되어 나가면서 구약의 수수께끼 중 하나가 되었다. 따라서 신약이 그것과 관련된 것을 설명해주기를 기다리게 되었다.

그 나라의 인구와 관련해서는, 아브라함의 혈통을 이어받은 약속의 후손들뿐 아니라 모든 나라에서 모여올 백성들까지 아직 그 땅에 모이지 않았다. 메시아가 "열방을 향하여 기치를" 세우실 것이다(사 11:12). 전 세계에서 모여 연합한 백성이 만들어질 것이며(사 19:23-25), 그들이 여호와의 산에 모일 것이다(사 25:6). 여호와의 종이 친히 여호와의 구원을 "땅끝까지" 이르게 하실 것이다(사 49:6). 유일한 구원의 길, 유일하신 하나님, 그리고 "땅끝"에서부터 모여와서 "이스라엘의 씨(자손)"라는 신분을 누리는 유일한 백성,

이것은 모두 시편 87편의 표현대로 말하자면 시온에게 부여된 타고난 권리다. 한마디로 정리하면, 땅에 대한 기대는 여호와의 거룩한 산과 거룩한 성에 대한 완벽한 실현이라고 할 수 있는 새 하늘과 새 땅에 대한 기대 속에 녹아들었다(사 2:2-4; 65:17-25; 참조. 암 9:11-15).

신약으로 넘어가면 '그 약속의 땅' 즉 하나님의 백성을 위한 '처소'에 대한 기대가 변하지 않고 그대로 남아 있다. 그러나 우리 구주이신 예수님은 "내 나라는 이 세상에 속한 것이 아니니라"고 직접 말씀하셨다(요 18:33-36). 우리는 이 땅에서 "외국인과 나그네"로 살았지만, 하늘에 있는 "더 나은 본향을 사모"하던 옛날 믿음의 영웅들의 대열에 합류해야 한다(히 11:13-16).

이런 성경적인 발전의 흐름을 파악해볼 때, '이 세상에 속하지 않은 나라'에 대한 신약의 개념은 구약의 지리적인 개념의 땅을 대치하는 것이 아님을 알 수 있다. 게다가 구약의 물질적인 개념을 신약이 영적인 개념으로 승화시킨 것도 아니다. 한마디로 신약의 개념은 구약의 개념을 대치하는 신학도 아닐뿐더러 영적으로 승화시키는 신학도 아니다.

그것은 어디까지나 축적된 신학이다. 즉 마지막에 완벽하게 꽃을 피웠다고 볼 수 있다. 다시 말해, 처음부터 언제나 가지고 있던 그 개념을 완전한 형태로 실현시킨 셈이다.

여기서 과감하게 또 하나의 예를 들고 싶다. 이번에는 목수 일을 예로 들어보겠다. 반짝반짝 윤이 나는 나무 널빤지를 생각해보라. 먼저 나무를 가공하는 작업의 모든 요소는 그 나뭇결이 어떤 모양인지를 보여준다. 그런 가공단계를 보면서, 우리는 "이 나무에 진짜 아름다운 결이 있네!" 하고 감탄할 것이다. 그러다가 널빤지의 마지막 부분에 이르면, 목수들이 '나이테면'(end grain)이라고 부르는 부분을 보게 된다. 이 부분은 나무의 전체 나뭇결을 완전히 보여준다. 그것은 끝에 있다. 그러나 끝에만 있는 것이 아니라 처음부터 나무에 있었다.

마찬가지로 구약의 형식과 예언들은 나무를 다듬는 초기 가공작업과 같다. 그리고 주 예수 그리스도께서 그 널빤지의 나뭇결을 완전하게 보여주신다. 처음부터 항상 거기 있던 그것을 완전하게 구현해주신다. 주 예수님처럼 예언된 인물이 또 있는가? 지상에서 이루어진 예수님의 삶과 죽음과 장사됨, 그리고 부활과 승천과 영원한 영광까지 모든 면이 예언되고 예언되고 또 예언되었다! 주 하나님은 진정한 하나님이며, 말로 다할 수 없는 자비의 하나님이다. 그러한 자비 가운데 자신의 유일한 아들을 하나님의 어린양이 되도록 이 땅에 보내주셨다.

최초로 예언이 주어지던 순간(창 3:15)부터 구약의 면면을 거쳐 내려오면서, 하나님은 자신의 창조 세계를 주관하시기에 그분이야말로 의심할 여지없는, 정말로 신성한 권능을 지니신 하나님이다. 하나님은 매 순간 역사의 질서를 정하고 주관하며 인도하셨고, 때가 이르렀을 때 자기 아들을 여인의 몸을 통해 율법 아래 태어나게 하심으로써 율법 아래 있는 사람들을 구원하게 하셨으며(갈 4:4-5), 과거에 예고된 바를 세세히 성취하게 하셨다. 진정으로 찬양하라, 그분의 위대하고 거룩하신 이름을!

14
맡은 사명에 전념하라!

내가 대학에 입학한 직후 받았던 교육과정에는 상당한 분량의 암기공부가 포함되어 있었다. 그런데 돌아보면 이것이 행운이었다고 생각한다.

교회에서 진행하던 주간 학교에서는 매주 새로운 찬송가를 암송해야 했다. 수업이 '앵무새 학습' 같다는 비난에도 선생님들은 눈 하나 깜짝하지 않는 것 같았다. 정말 그랬다. 암기를 인간의 능력으로 보았고(그 말이 맞는 듯싶다), 교육의 목적 가운데는 그런 능력을 훈련하는 것이 포함되어 있었다. 결국 그 당시 교회 예배시간에 구약과 신약에 나오는 아주 긴 '교훈들'을 배웠는데, 그 과정에서 읽었던 성경말씀을 들었을 때 그리고 나중에 개인적으로 성경 읽기를 시작했을 때, 이런 암송 훈련 덕분에 내가 듣고 읽었던 내용을 기억하기가 정말 쉬웠다. 암기는 결코 '저절로' 되지 않는다! 훈련과 연습이 꼭 필요하다!

최근에 히브리어를 가르칠 기회가 있었는데, 사람들이 종종 "아, 내 기억력은 썩었어!" 하고 말하는 소리를 듣곤 했다. 그런데 내 경험에 비춰볼 때 정말 '썩은 기억력'이 있는지 의문이 들었다. 그것은 아마도 훈련되지 못한 기억력을 의미하는 것 같다. 현대적 교육방법이 암기력을 녹슬게 만든 건 아닐까? 그래서 '기억력이 썩었다'고 불평하는 사람들이 자신들에게 암기력이 있다는 사실을 발견하고 그것이 깨어나기를 기다리며 훈련을 거듭하다가, 마침내 능숙하게 어휘 목록을 암송하게 되고 그 밖에 언어학습에 필요한 활동을 유능하게 해내는 모습을 보게 된다.

기억력

이 모든 것은 성경지식에도 그대로 적용된다. 들은 내용을 기억 속에 잘 간직하길 원한다면 한 귀로 듣고 다른 귀로 흘릴 것이 아니라, 한쪽 귀와 다른 쪽 귀 사이에서 멈추게 한 뒤 그 속에 머물게 해야 한다.

만약 아침에 읽은 성경말씀을 하루 종일 기억하고 싶다면 지름길은 없다. 오직 암기뿐이다. 그 말은 우리의 기억 속에 있는 말씀을 반복해서 떠올려야 한다는 뜻이다. 이 방법이 바로 기억을 제대로 작동하게 만드는 길이다.

그것은 중요한 내용을 매일 기억 속에 집어넣는 것을 의미한다. 한 단어, 한 구절, 여러 구절 등을 말이다. 선택한 구절을 공책 속에 적어놓는 것도 좋은 생각이다. 그래서 필요할 때 새롭게 꺼내어 인용하거나, 나름대로 변형해서 활용할 수 있다.

물론 그러기 위해서는 각자 자신이 가장 쉽게 기억할 수 있는 문장으로 번역된 성경 번역판을 선택해야 한다. 나와 같이 노년에 속한 사람들은 킹제임스 성경(King James Bible)만큼 쉽게 기억할 수 있는 성경은 없다고 말할지 모른다. 아니면 요즘 나온 뉴 킹제임스 성경을 선호할지도 모른다. 자신에게 맞는 성경을 찾으라. 가장 중요한 것은 당신의 기억력 위에 쌓여 있는 먼지를 떨어내고 제대로 작동하게 만드는 것이다.

성경 1년 1독

성경 1년 1독을 제안했을 때 거의 어김없이 듣는 말이 있다. "예? 어림도 없어요. 난 못해요!" 솔직히 말하면 그 제안은 벅찬 이야기처럼 들린다. 그러나 이렇게 생각해보라. 내가 보는 NKJV 성경은 모두 1,217페이지다. 하루에 3페이지씩 읽는 게 너무 벅차다고 생각되는가? 일간신문을 사서 읽는다면 그보다 훨씬 더 분량이 많다. 나는 일주일에 4일 동안 하루 3페이지씩 읽기를 좋아한다. 무엇보다 사복음서를 매일 식사하듯 조금씩 읽는 것이 중요하다고 생각한다. 이런 식으로 우리는 예수님에 대한 모습을 항상 새롭게 느낄 수 있다. 하루에 반 페이지만 읽어도 1년이면 복음서 전체를 읽게 되고, 같은 방식으로 신약의 나머지 부분도 읽을 수 있다. 하루에 반 페이지씩만 읽어도 이사야에서 말라기까지 선지서를 1년이면 다 읽을 수 있다.

이제 당신은 자신이 가진 성경을 수학적으로 나눌 수 있다고 생각하게 되었다. 내가 가진 성경은 시편이 160개 단락으로 구성되어 있어, 하루에 반 단락만 읽어도 1년 1독을 할 수 있다! 어떤 방식이든 당신에게 맞는 것을 찾아 아침에 읽든, 저녁에 읽든, 아니면 '브런치'처럼 읽든 성경을 조금씩 읽어나가기 바란다. 지금 당신에게 필요한 것은 당신이 읽은 부분을 기록으로 표시하는 일이다.

기획

이것은 어디까지나 성경 읽기에 관한 것이지, 성경 공부에 대한 이야기가 아님을 기억하라. 성경 읽기의 유일한 목적은 성경내용에 대한 지식을 더욱 높이 쌓는 데 있다. 이런 위대한 목적을 망각하지 않으면서 동시에 성경 읽기를 통해 매우 간단한 방식으로 성경 연구의 길로 나아갈 수 있다.

예를 들면, 시편을 읽는 동안 하나의 '기획'을 수립할 수 있다. 시편이 기도에 대해 무엇을 가르치고 있는지 수집하거나, 시편에서 여호와께 사용한 칭호를 수집하는 것과 같은 기획 말이다. 그런가 하면 복음서를 읽을 경우, 예수님이 사람들과 어떻게 관계를 맺으셨는지에 대해 정보를 수집한다거나, 그분이 이 세상에 오신 이유에 대해 가르쳐주신 내용들을 수집할 수도 있다. 다시 말해 당신이 성경이라는 별로 친숙하지 않은 책을 읽을 때, 계속 읽어가면서 아주 간단하게 메모하거나 요약하는 것은 매우 바람직한 일이다. 단, 일을 너무 복잡하게 만들지 않도록 주의하라!

융통성

이런 식으로 성경 전체를 읽어갈 때 얻을 수 있는 가장 큰 유익은 바로 융통성이다. 당신의 아침 시간이 정신없이 바쁘다면 약간만 조정해도 성경을 읽을 수 있는 10분을 마련할 수 있다. 그리고 그렇게까지 해서 성경을 읽어야 할 특별한 동기가 필요하다면, 여호와의 종이신 예수님을 예언하고 있는 이사야 50장 4절을 읽어보라. "주 여호와께서 학자들의 혀를 내게 주사 나로 곤고한 자를 말로 어떻게 도와줄 줄을 알게 하시고 아침마다 깨우치시되 나의 귀를 깨우치사 학자들같이 알아듣게 하시도다" 그리고 이 말씀을 마가복음 1장 35절과 비교해보라. "새벽 아직도 밝기 전에 예수께서 일어나 나가 한적한 곳으로 가사 거기서 기도하시더니"

이런 간단한 방법으로 예수님을 본받을 수 있다. 만약 나처럼 당신도 축복받은 은퇴자 명단에 이름을 올리게 된다면, 이른 아침 시간이야말로 여유 있게 그리고 오랫동안 성경을 읽을 수 있는 귀중한 시간이다. 실천하라. 업무처럼 행하라. 현실을 직시하라. 성경은 귀중한 하나님의 말씀이다. 우리가 가진 가장 위대하고 가장 고귀한 소유물이다.

이제 좀 진지해져라!

최근에 중앙아프리카에서 돌아온 내 친구는 그곳에 있는 대학교에서 목회자로 훈련받고 있는 학생들에게 영어와 신학을 가르쳤다. 친구는 수업을 하는 동안 학생들에게 성경을 교과서로 제공했는데, 수업을 시작하기 전에 성경책을 나누어주었다가 수업이 끝나면 다시 거두는 방식으로 성경책을 보존할 수 있었다. 그러다 그 과정이 모두 끝나면 "자, 이제 여러분이 가진 성경책에 여러분의 이름을 적으세요. 그 성경책은 지금부터 여러분의 것입니다." 하고 말했다. 그러면 처음에는 학생들이 그 말을 믿지 않다가 나중에는 크게 기뻐하면서 눈물을 뚝뚝 흘렸다고 한다. 마침내 자기들만의 성경책을 소유하게 되었기 때문이다.

당신의 거룩한 말씀을 사랑하며
그 속에서 우리 구세주를 볼 수 있도록
우리에게 가르쳐주소서!
(찬송가 "Father of mercies, in thy Word" 4절 가사 중에서)

Afterword

후기

알렉 모티어 박사는 알면 알수록 더 깊이 알고 싶은 분이다. 그러나 과연 내가 그분이 생각하는 것만큼 그분에 대해 잘 알고 있는지 의문이다.

1972년 케임브리지대학교 연구과정을 시작하기 위해 영국에 처음 왔을 때, 알렉 모티어 박사는 CICCU[Cambridge Inter-Collegiate Christian Union, 케임브리지대학교 그리스도인 연합회: 케임브리지의 IVCF(InterVarsity Christian Fellowship) 정도로 생각하면 될 것 같다] 주변에서 자주 들을 수 있는 이름이었다. 매년 봄이 되면 CICCU에서는 6주에 걸쳐 토요일 저녁마다 '성경 강해' 시간을 마련하고 강사를 초청해 성경 중 한 부분을 집중적으로 강의한다.

내가 영국에 온 그 이전 해에 알렉 박사가 초청되어 6주 동안 연속해서 강의를 했다. 알렉 박사는 토요일 저녁마다 자신이 재직 중이던 신학대학이 있는 브리스틀에서 케임브리지까지 먼 길을 마다 않고 와 이사야서를 강의했다. 전체적인 보고에 따르면, 알렉 박사는 완벽하게 강의했을 뿐 아니라 센스 넘치는 유머까지 겸비했다고 한다. 나는 그분의 강의 테이프를 보관하고 있는데, 그 당시에는 CD나 MP3 같은 것이 개발되지 않았을 때였다. 알렉 박사는 첫 인사말을 이렇게 시작했다. "6주 동안 이사야서를 강의할 수 있는 특권을 주셔서 감사합니다. 그렇지만 자료가 부족해 예레미야서로 강의 주제를 바꿔야 하지 않을까 생각했습니다." 그러고 나서 남은 시간 동안 이사야 1-12장을 주의 깊게 그리고 철저하게 살피며 청중을 이끌어갔다.

이런 엄살 섞인 인사말만 들어도 알렉 박사의 삶을 충분히 읽어낼 수 있다. 알렉 박사는 구약을 사랑하고, 강해설교를 즐기며, 특별히 이사야의 예언에 깊은 관심이 있고, 구약과 신약을 이어주는 연결고리와 사람들을 예수님께 인도해주는 경로를 항상 주의 깊게 살펴보는 신학자로 평가될 수 있다. 무엇보다 진지한 경외심과 목회적인 적용, 그리고 장난기 넘치는 아일랜드식 유머를 경이롭게 조화시킨 인물이라고 말할 수 있다.

알렉 박사의 아들 스티븐은 내가 케임브리지대학교에서 연구과정을 밟던 초기에 그 학교 학생이었다. 그는 여러 번 나를 자기 방에 초대해 커피를 마시곤 했는데, 알렉 박사가 아들을 방문하러 그곳에 왔다가 함께 커피를 마신 적도 있다. 아마 두 사람 모두 그때 나눈 토론에 대해 기억하지 못하겠지만, 나는 기억이 생생하다. 신학적인 안목은 물론 문화적인 안목까지 겸비한 데다 가식 없는 말투, 확고한 정통신학과 매력적인 재치의 조화, 인격적인 관계까지 알렉 박사는 모든 면에서 사람의 마음을 사로잡기에 충분했다.

다양한 경로를 통해 나는 멀리서 알렉 박사의 사역을 추종해왔다. 특히 그분이 본머스에 있는 교회에서 사역하기 위해 이사했을 때도 그랬다. 알렉 박사가 2-3년 전 설교했던 집회에서 나도 여러 번 설교할 기회가 있었다. 그럴 때마다 알렉 박사의 설교를 들었던 사람들이 그분의 사역에 대해 하나님께 깊이 감사하는 모습을 보았다.

물론 지금까지 알렉 박사가 쓴 글은 모두 섭렵해왔다. 알렉 박사는 수십 년에 걸쳐 다양한 저서와 논문을 꾸준히 발표해왔다. 이런 작품들 중에는 이사야서를 주제로 한 책이 적어도 네 권은 되는 것 같다. 최근에 발표한 『매일 읽는 이사야』(Isaiah by the Day)는 이 예언서를 참신하게 번역하고 생기 넘치는 경건한 해설을 덧붙임으로써, 성도들이 직접적인 유익을 얻을 수 있도록 배려했다.

구약신학에 대한 그의 헌신은 또 다른 일련의 책들을 낳았다. 특히 신약이 구약을 인용하는 방법에 대한 그의 깊은 성찰은 여러 작품을 배출했는데, 그중 가장 백미는 『그 반석을 보라: 그리스도를 이해하기 위한 구약의 배경』(Look to the Rock: An Old Testament Background to Our Understanding of Christ)이다. 오늘날 수많은 책들이 이 복잡한 주제를 다루고 있는데, 그 수준과 전제가 매우 다양하다. 그러나 알렉 박사의 책은 출간 당시만 해도 그 주제에 대해 신기원을 이룬 작품이었을 뿐 아니라 대단히 독창적인 작품이었다. 좀더 정확하게 표현하면, 그 책은 20세기의 성경신학이 자주 간과했던 소위 '성경 전체'를 다루는 성경신학을 표방하며, 따라서 알렉 박사는 이 책을 통해 과거에 보지 못했던 것을 볼 수 있도록 독자들의 눈을 열어주고 있다.

알렉 박사의 목회적 헌신이 가장 두드러지게 드러나는 대목이 있다면, 바로 대중적인 인기를 얻은 강해서와 주제별 연구서일 것이다. 야고보서, 빌립보서, 아모스, 출애굽기, 데살로니가전후서 등이 있다. 그런 헌신이 가장 돋보이는 것은 『인생 2막: 속편 - 당신이 죽을 때 무슨 일이 일어나는가?』(Life 2: The Sequel-What Happens

When You Die?)라는 저서다. 이 작품에서는 유아세례에 대해 그가 속한 교단의 신조를 엿볼 수 있다. 알렉 박사가 쓴 설교에 대한 기본 지침서라고 할 수 있는 『설교? 간단명료한 설교를 위한 간단명료한 가르침』(Preaching? Simple Teaching on Simply Preaching)이라는 저서는 기존에 나와 있는 작품들 중 최고라고 말할 수 있다. 그 주제에 정통한 대가의 작품이라는 느낌을 준다. 알렉 박사는 설교라는 주제를 더욱 '간단명료'하게 보도록 함으로써, 설교하는 데 주눅 들지 않게끔 자신감을 불어넣어준다.

무엇보다 지금 당신이 손에 들고 있는 이 책의 저자를 추천하는 일은 내게 엄청난 특권이 아닐 수 없다. 그런데 좀더 솔직히 말하면, 알렉 박사의 작품은 더 이상 내 설명이나 보증이 필요 없을 만큼 그 자체로 훌륭하다. 다만 내가 바라는 것이 있다면, 알렉 박사를 지금보다 더 깊이 아는 것이다.

_D. A. 카슨
트리니티신학교 신약학 교수

A CHRISTIAN'S POCKET GUIDE TO LOVING
THE OLD TESTAMENT

구약성경, 왜 읽어야 하나?

초판 1쇄 발행 2017년 05월 29일

지은이 알렉 모티어
옮긴이 김일우

펴낸이 정형철
펴낸곳 아가페북스
등록 제321-2011-000197호
등록일 2011년 10월 14일
편집장 이수진
기획편집 방재경
편집 이연우
디자인 투에스

주소 (06698) 서울시 서초구 효령로8길 5 (방배동)
전화 584-4835(본사) 522-5148(편집부)
팩스 586-3078(본사) 586-3088(편집부)
홈페이지 www.iagape.co.kr

ISBN 978-89-97713-88-2 (03230)

이 도서의 국립중앙도서관 출판예정도서목록(CIP)은
서지정보유통지원시스템 홈페이지(http://seoji.nl.go.kr)와
국가자료공동목록시스템(http://www.nl.go.kr/kolisnet)에서
이용하실 수 있습니다.
(CIP제어번호: CIP 2017010206)

아가페북스는 (주)아가페출판사의 단행본 전문브랜드입니다.

아가페 출판사